运转的秘密

身边那些有用的车

[英] 格里 · 贝利（Gerry Bailey） 著

[英] 伊拉鲁（Iralu） 绘

傅婧瑛 译

机械工业出版社
CHINA MACHINE PRESS

在我们的日常生活和工作中，会看到并用到很多具有特定功能的运输工具，车船或是各种各样的机器。不管形式如何不同，它们的出现都为人类的生活带来了方便，甚至是变革。让我们跟随起重机、自动人行道、集装箱船、垃圾车等去看看它们独特的本领吧！

本书从物理和工程的角度对隐藏在这些神奇机器背后的科学原理和工程特点做了介绍，向读者展示了它们在工作中的用途及自身运转的奥秘和原理，以充分激发读者对科学原理的兴趣与探索，培养和提升他们的科学素养和科学思维。本书适合青少年自主阅读和低年龄段的亲子共读。

图书在版编目（CIP）数据

运转的秘密. 2，身边那些有用的车 /（英）格里·贝利（Gerry Bailey）著；傅婧瑛译. — 北京：机械工业出版社，2021.11（2024.6重印）
书名原文：SCIENCE IN ACTION: Work
ISBN 978-7-111-69201-0

Ⅰ.①运… Ⅱ.①格… ②傅… Ⅲ.①科学知识-少儿读物 Ⅳ.①Z228.1

中国版本图书馆CIP数据核字（2021）第193679号

机械工业出版社（北京市百万庄大街22号　邮政编码100037）
策划编辑：卢婉冬　　责任编辑：卢婉冬
责任校对：张　力　　责任印制：常天培
北京宝隆世纪印刷有限公司印刷

2024年6月第1版·第2次印刷
184mm × 260mm · 3印张 · 35千字
标准书号：ISBN 978-7-111-69201-0
定价：199.00元（共7册）

电话服务　　网络服务
客服电话：010-88361066　机　工　官　网：www. cmpbook. com
010-88379833　机　工　官　博：weibo. com/cmp1952
010-68326294　金　书　网：www. golden-book. com
封底无防伪标均为盗版　机工教育服务网：www. cmpedu. com

写在前面的话

人们使用具有特定功能的车、船或机器来完成各种各样的工作。

想要完成工作，这些车、船或机器就需要能量。它们可以使用电能，也可以使用来自化石燃料提供的化学能。

功率指的是物体在单位时间内做的功的多少，功率的单位是瓦特或马力。功率可以描述骑车人腿部所做的功，也可以描述巨型公路列车输出的功。

让我们一起了解一些能完成各种工作的车、船或机器，同时对制造它们的科学原理一探究竟吧！

目录

公路列车

一列隆隆作响的公路列车经过身边时，你大概会感到好奇，一个车头究竟能拉动多少辆拖车。有些公路列车只能拖动两辆拖车，而有些最多可以拖动四辆拖车。在澳大利亚，公路列车被严格限制在某些高速公路上行驶。由于体型过于庞大，公路列车难以穿过拥挤的市镇小路。这些车可以运送矿石、牲畜、燃料或其他货物。

公路列车的功率用什么来衡量？

图中的公路列车在澳大利亚、加拿大和美国使用较多。

答案：马力

当科学家谈到“功率”时，指的是某物在单位时间内所能完成的工作量(也就是能做多少功)。功的单位是焦耳，功率就是单位时间内能够做多少焦耳的功。

交通工具的功率可以用“马力”来衡量。1公制马力相当于一匹马在1秒内将一个质量为75千克的物体移动1米所做的功。想要拖动物体，公路列车必须具备极强的马力。

推土机

我们可能见过推土机在尚未铺好的地面上隆隆作响，这是它在将泥土和砂石从地面上铲开。有些推土机配备了巨大的轮子，但大多数推土机是在履带上行驶。这让推土机即便是行驶在松软的地面上也不会陷入地下，原因正是宽大的履带分散了推土机的重量。

零部件

驾驶员在驾驶室中控制推土机的机械臂，驾驶室一般处于安全封闭状态。

一块大型金属板，即“铲子”，装在推土机前部液压机械臂的一端。推土机可以用这个工具挖开泥土，并在移动时推动泥土。

哪种机械装置能帮助机械臂提升重物？

答案：杠杆

杠杆的原理是横杆以一个固定的支撑点为中心进行运动，这个固定的支撑点就是支点。在杠杆的一端施加作用力，可以抬起另一端的重物。支点离重物越近，抬起重物所需的力就越小。

根据支点的位置，杠杆可以分为不同种类。

第一类杠杆，如撬棍，支点位于中间，重物和作用力分别位于两端。

第二类杠杆的支点位于一端，重物位于中间，作用力位于另一端。手推独轮车就属于这类杠杆。

第三类杠杆的支点位于一端，作用力位于中间，而重物位于另一端。我们的手臂就是这类杠杆，推土机的机械臂也属于这类杠杆。

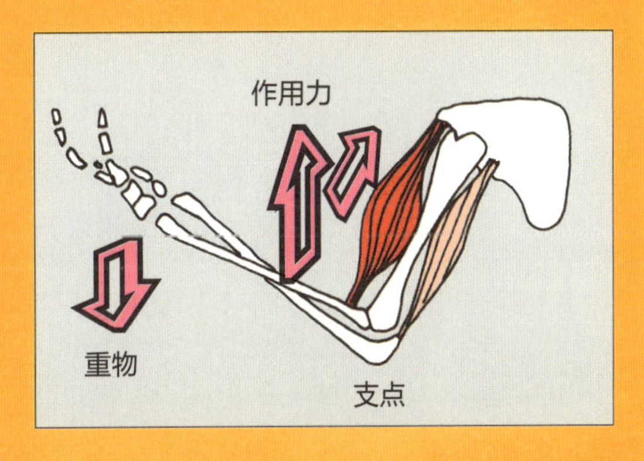

手臂上不同的肌肉可以提供力量。

松土器是一种长爪状装置，安装在推土机的后部。推土机用它来将石头或硬土敲成便于搬运的碎块。

推土机可以用于道路工地、建筑工地、矿山和工厂，甚至还可以在军事基地使用。

拖拉机

到了该犁地或播种的时候，拖拉机就成了农民最好的帮手。拖拉机出现前，犁地主要靠家畜完成，农民跟在家畜后面指挥；播种则全靠农民手动完成，这是一项耗时且繁重的工作。

拖拉机使用哪种简单的机械装置翻地？

答案：楔子

楔子是一种简单的机械装置，我们可以推动楔子来分割其他物体。剪刀的两个刀片就是楔子，当这两个刀片在纸片上紧紧贴合在一起时，剪刀就能剪开纸片。这就是切割。

锯子和犁都属于楔子。锯子由一排被称为锯齿的楔子组成。犁的铲子即是锋利的楔子，可以剖开并翻整土地。

传统拖拉机配有两个巨大的后轮和两个较小且能控制方向的前轮。现代拖拉机通常为四轮驱动。四轮驱动让拖拉机获得了更多的牵引力，而前轮可能与后轮一样大。有些拖拉机配备的是履带，而非轮毂和轮胎。

拖拉机可以用来干很多农活。

油轮

需要长距离运输石油或者液化石油气这些液体时，我们既可以通过陆上的管道运输，也可以通过航行于海上的油轮运输。油轮是一种巨大的轮船，船内大部分都是存储空间。这种海上庞然大物的载重量可达数万吨。载重量指的是船内可容纳的货物重量。

液体必须通过泵注入油轮，这意味着码头上的普通起重机派不上用场。需要安装特殊的抽油系统，才能装卸油轮上的石油等液体。

发动机、驾驶舱和船员舱室一般都位于油轮的尾部。

为什么装载着石油的巨大油轮能够漂浮在水面上不会沉没呢？

答案：浮力

物体之所以能浮在水面，是因为一种被称为“上推力”的作用力。当我们把物体放入水中时，这个物体会将一部分水推开。被推开的水的重量与上推力相等。如果物体浸入水中部分的重量小于等于上推力，物体就能浮在水面；如果重量大于上推力，物体就会下沉。这个上推力就是浮力。

空油轮尽管由高密度的钢制成，可因为内部均是重量很轻的空气，因此能够轻松地浮在水面上。当船内储存了石油，占据了空气的位置，油轮的密度会提高，浸入水中的部分也会更多。

船只受到向下的重力

浮力

如果油轮上装载的石油晃荡得厉害，就会导致油轮变得不平稳。因此，油轮内部被分隔成了很多个小的存储空间。

超级油轮的长度可达 400 多米，宽度也接近 70 米。

起重机

我们总能在码头或者建筑工地看到一种机器，它们看起来就像是科幻电影里的长脖子怪物一样。这些又高又细的机器就是起重机。这些机器既可以固定在地面，也可以移动。安装在卡车上的这种机器被称为汽车起重机。

汽车起重机由两部分组成：载重部（下部）和提升部（上部）。提升部包括一个吊杆，也称伸缩臂。其上部安装在一个可转动的平台上，因此可以转到任何方向工作。液压系统控制的伸缩臂可以升高或降低。现代汽车起重机使用一台发动机为卡车和起重机提供动力。

哪种机械装置能帮助起重机的机械臂提起重物？

答案：滑轮

滑轮是一种周缘带沟槽的轮子，沟槽中可以嵌入绳索。我们可以用滑轮提起重物。

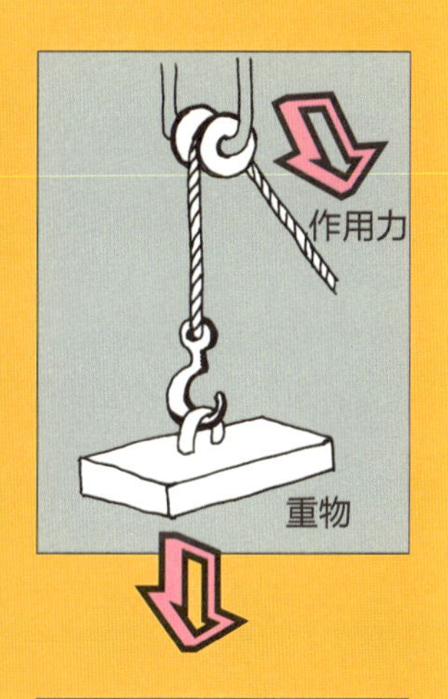

几个简单的滑轮组合在一起就构成了起重机滑轮。这种装置一般被称作滑轮组。

起重机上的绳索一般缠绕在一个滑轮上，绳索通过吊钩与重物相连。绳索再与安装在伸缩臂尾部的第二组滑轮缠绕在一起。绕线卷筒可以收回多余的绳索。

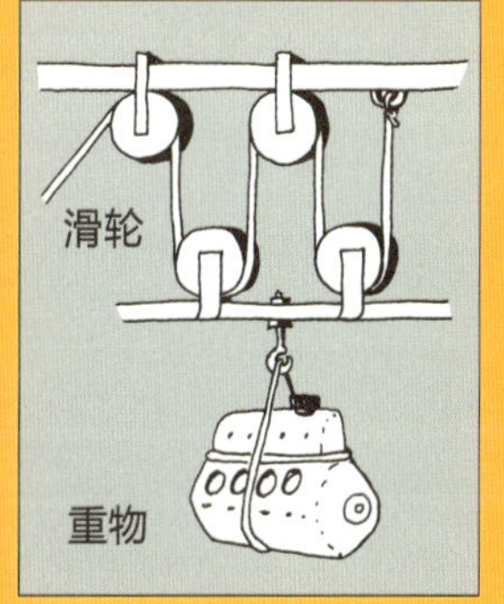

零部件

集装箱船

集装箱船上高高地堆着五颜六色的集装箱。这些集装箱里装满了货物，通过海运被送往世界各地。

一艘船的容量，或者说一艘船能装载多少集装箱，是以“20英尺[一]标准集装箱”（TEU）来衡量的。一艘集装箱船的最大容量接近9000个标准集装箱。

很多集装箱船都会经过连接大西洋和太平洋的巴拿马运河。在此处，船只必须能进入运河船闸，因此船的宽度被限制在32.3米，长度不能超过294.1米，吃水深度不能超过12米。如果船体过大，就无法开进船闸。

船边的什么记号能够显示货物的重量？

[一] 1英尺=0.3048米。

答案：吃水线

集装箱堆到多高，船就有翻倒的危险？线索在于涂写在轮船侧面的记号上。这个记号就是吃水线，也称国际载重线，英文名称是PLIMSOLL LINE，因为发明了这个记号的人叫作塞缪尔·普利姆索尔（SAMUEL PLIMSOLL）。

这些记号显示了轮船在特定海域、波浪状态及温度中航行时的最大载重。以上因素都会对轮船能否漂浮在海上产生影响。

适用于淡水及海水的不同的吃水线

压路机

压路机是一种重型工程机械，可用于平整路面。现代压路机一般为柴油动力，有的地区叫轧道机。

压路机靠自身的重量产生强大的平整力量，机器的后部装有两个巨大而光滑的轮子，被称为碾轮。

压路机施加在路面上的是什么力？

答案：压力

$$压力 = \frac{作用力}{区域}$$

压路机的原理与“压力”这种作用力有关。压力指的是物体所承受的与表面垂直的作用力。

压力的大小与作用力的大小和被压区域的大小有关。

如果将作用力分散在较大区域，压力就比较小。

如果将作用力集中在较小区域，压力就会变大。

压路机的前部是一个巨大碾轮，上方配有一个金属板，也就是刮泥板。刮泥板可以去除粘在碾轮上的东西，确保路面彻底平整。

自动人行道

你可以带着沉重的行李箱，不用怎么迈步，就能通过机场里长长的自动人行道，从一个地点抵达另一个地点。这是因为自动人行道的表面在不停地移动——它们既可以铺设在水平地面上，也可以铺设在有坡度的地面上。

电动机通过一系列链轮和重型钢制滚子链为自动人行道提供动力，这使传送带不断地循环移动。步道上的传送带由金属板组成，并通过铰链连接在一起，形成不间断的表面。

大部分自动人行道的两边都配有扶手，扶手的运行速度与自动人行道表面的运行速度相同。自动人行道还装有制动器，可以在紧急情况时停止运行。

自动人行道使用了哪种传动装置？

答案：链传动装置

链传动是通过链条将具有特殊齿形的主动链轮的运动和动力传递到具有特殊齿形的从动链轮的一种传动方式。链轮的轮辋上有一些凹槽，两凹槽之间的凸起部分叫作轮齿。

链传动可用于改变运动方向或改变运动速度。自动人行道使用链传动装置来传递动力。

自动人行道可以让你从一个地点到另一个地点，而你只需要站着不动。

集装箱卡车

很多货物都是放在巨大的、封闭的金属箱中运往世界各地，这些金属箱就是集装箱。封闭设计的目的是保护集装箱中的货物。

集装箱的大小用什么来表示？

用特制的卡车来移动集装箱。车的前部是牵引装置，也可以称为公路牵引机，配有发动机和驾驶室；后部则是一个平板拖车。这个平板拖车被称为半挂车，因为它没有前轮轴，而且平板拖车上的重量一部分由牵引装置分担。集装箱装上卡车后会被一种特殊的锁固定在平板拖车上，这种锁叫作扭锁。

答案：体积

体积是表示物体所占空间大小的物理量。液体的体积一般以“升”为单位来表示，固体的体积则通常以立方米为单位来表示。

测量固体体积时，用长度 × 宽度 × 高度来计算。

为便于在不同运输系统中转移或者堆放，集装箱的标准长度一般为 6.1 米（20 英尺），宽度为 2.44 米（8 英尺），高度为 2.59 米（8.5 英尺）。

因此，一个集装箱的体积，就通过“20 英尺标准集装箱”这个单位来衡量。

零部件

叉车

想在仓库中转移沉重的货盘，或者将货盘放到高处，叉车是不可或缺的工具。叉车是在世界各地的仓库和工厂里普遍使用的小型工业车辆。

叉车使用一对钢制叉齿来抬升货物，叉齿固定在由钢柱制成的门架上。通过液压装置，叉齿可以沿着门架上下移动。

门架可以向后倾斜，因此叉齿前部也可以略微向上倾斜，避免货物从前部掉下来。

一般来说，货物被堆放在货盘上，叉齿可以从货盘下方插入。为了不让叉车在抬起重物时翻倒，叉车的后车轴上设置了配重。

叉车使用哪种机械装置将货物提升至高处？

答案：液压装置

液压装置是利用帕斯卡定律，把一个很小的力变成一个很大的力的装置。

液压装置有两个液压缸——一个小液压缸和一个大液压缸。两个液压缸中都填满了液体，并由一根管道连接在一起。每个液压缸中都有一个可以上下活动的圆形活塞。

当作用力推动小液压缸里的活塞时，被挤压的液体就会流向大液压缸。由于大液压缸里的活塞面积更大，因此作用在活塞上的力也更大。

零部件

叉车一般由后轮控制方向，这让它可以在狭小的空间里，如仓库通道中，顺利转弯。

大型载重运输车

上层平台的后半部分向下倾斜，形成了一个可以让小汽车开上去的斜坡。装满后，上层平台恢复水平状态，以便让下层平台继续装载。每辆小汽车都需要正确地停在平台正中，再用棘轮带固定车轮。棘轮带是一种高强度的绑带，带有棘轮和一个把手。棘轮令棘轮带只能朝一个方向拉伸，拉动把手可以拉紧棘轮带。

最后，将安全链从拖车地板连接到小汽车车身上，以确保小汽车不会移动。

安全链为什么会承受很大的作用力？

答案：惯性

所有物体都有惯性，一个移动的物体只有受到外力作用才能停下来。比如，接球时相当于我们对球施加了一个阻力，球停止移动。与此同时，接到球时，我们的手掌会发生移动。

如果大型载重运输车上的小汽车没有固定好，那么即便运输车停止移动，惯性也会让小汽车继续运动。

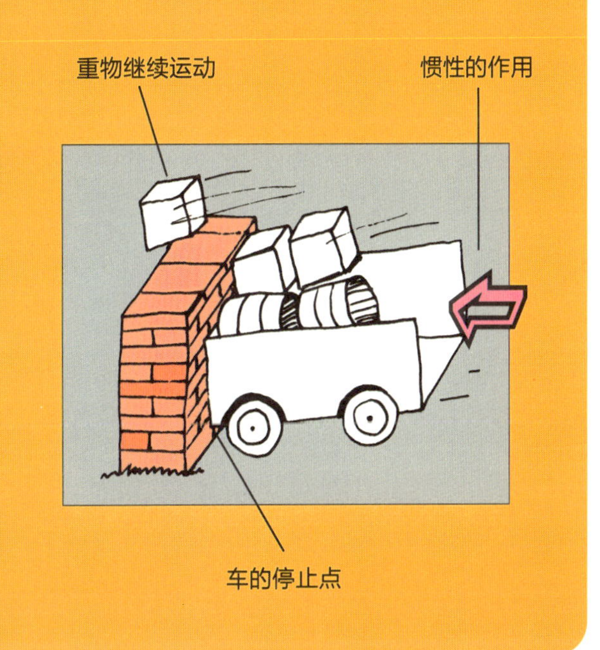

零部件

小型货车

想在不同地点间运输少量货物，理想的交通工具无疑是一辆由小型发动机驱动的货车。小型货车的车厢可以是封闭的，也可以是敞开的；可以是三轮的，也可以是四轮的。可不论形状、大小如何，它的载货空间都足够大。

对水管工或电工这些人来说，小型货车能起到很大的作用，因为这种货车拥有足够大的载货空间，可以装下他们的大部分设备。可以说在某种程度上，小型货车就是他们的小型工作室。

发动机提供的动力通过什么传给车轮？

答案：传动系统

货车等交通工具均由发动机提供动力。发动机一般安装在车辆的前部，其产生的动力必须通过位于发动机后方的变速器传递给车轮，使之转动。将它们连接在一起的机械装置，就是传动系统。

传动系统由传动轴及连接车轮的主减速器组成，动力通过旋转运动在这个由两部分构成的传动系统中传递。

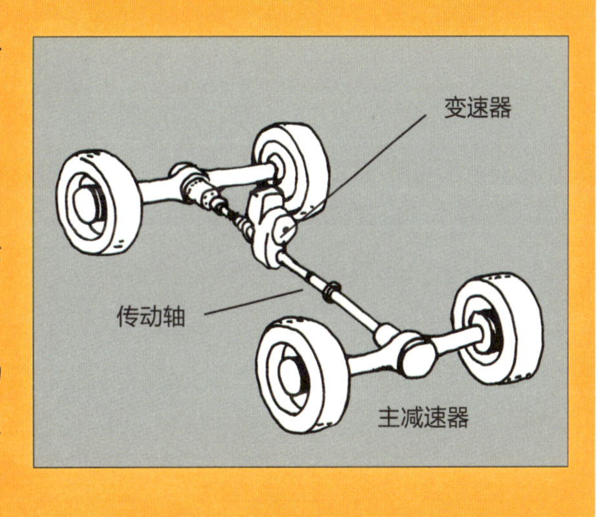

出租车

在大城市里，如果想尽快抵达某个地点，人们可能会选择搭乘出租车。出租车是一种运送人而不是运送货物的交通工具。乘坐出租车时，乘客需要根据乘坐距离支付相应的费用。

因为总是处于使用状态，所以出租车必须定期检修。多年的运营使出租车的总行驶距离可达几万千米。

汽车的哪个组成部分能够帮助司机转弯？

绝大多数出租车都是标准车辆。但在英国伦敦，乘客乘坐的却是特制的黑色出租车。

答案：转向装置

在狭窄的街道及汹涌的车流中穿梭时，城市里的出租车需要具有良好的转向性能。事实上，转向装置在任何交通工具中都是重要的组成部分。

大部分汽车靠前轮转向。前轮与一个被称为“转向横拉杆”的长杆相连，汽车的转向柱把转向横拉杆与方向盘连接在一起。

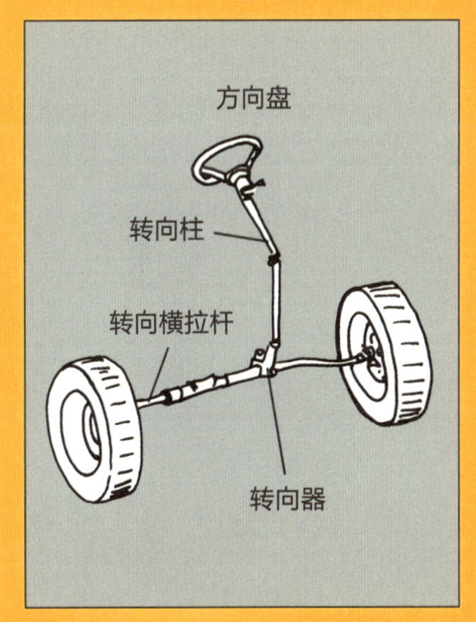

转动方向盘时，转向柱底部的一个小齿轮就会跟着转动，这就是转向器。转向器会推动转向横拉杆横向移动，从而改变车轮的方向。

驳船

大约200年前，位于欧洲各地的工厂生产出了越来越多的产品。为机器和生产产品提供燃料的材料，需要运送到不同的城市和港口。为此，人们开始挖掘运河。这些人工水道将天然河流连接在一起，使得船只可以从一条河移动到另一条河。

为了运输货物，人们建造出了驳船这样的平底船。驳船极深地浸入水中，看上去就像快要沉没了一样。驳船一般由蒸汽提供动力，或者由马在沿着运河的纤路上拉动。

驳船可以运载沉重的框架结构，如钻井平台。驳船通常抛锚固定在海底。

哪种机械装置可以将船提升到更高的位置?

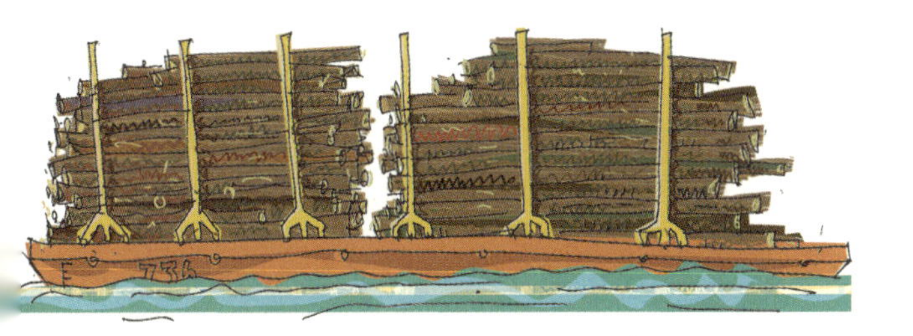

皇家驳船装饰得富丽堂皇，它们专为特殊活动而设计。这些船搭载着重要人物航行于城市的水道中，好让河岸两旁的人群看到他们。

答案：船闸

和道路一样，运河有时也要爬坡。可水并不能逆流而上，因此挖掘运河的人需要创造能将船只从一个水平位置抬高或降低到另一个水平位置的“升降机”。而船闸就是实现这个目的的方法。

如果船只想要进入更高的水面，它就要进入船闸。关闭闸门后，船闸里就会灌满水，当船被抬升到与下一船闸的水面同等高度时，位于前方的闸门就会打开，船只就可以进入下一个船闸。

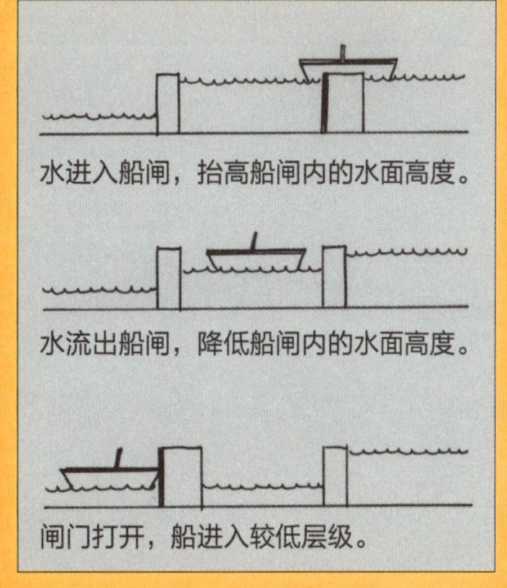

有些运河具有一系列船闸，船只被抬升或降低的高度可达数米。

联合收割机

联合收割机是一种神奇的机械装置，可以完成过去需要好几种机器才能完成的工作。

首先，联合收割机长长的叶片（或者说切割器）会割断小麦。然后用装有耙子的滚筒将小麦推向切割器。切割器后一个长而扭曲的螺旋叶片将小麦秆收入联合收割机。最后，联合收割机内部的脱粒滚筒不断撞击小麦秆，将谷物与秸秆分离。

什么机械装置帮助联合收割机完成工作？

谷物通过一个带有孔洞的震动平面（既筛网）落下，再通过斜槽流入拖车。与此同时，秸秆通过被称为草秆筛的斜面，落到收割机后方的地面上。

答案：三种简单的机械装置

有几种简单的机械装置可以改变作用力的大小或方向。联合收割机用上了其中三种：楔子、螺旋和斜面。

联合收割机的切割刀片起到了楔子的作用，可以割断小麦的麦秆。

螺旋叶片将麦秆收入联合收割机。

将秸秆移出联合收割机的草秆筛就是斜面。

垃圾车

垃圾车的后部看上去就像一张巨大的嘴，倒入垃圾后“大嘴”合上，在垃圾车缓慢地移向下一个垃圾桶期间，大嘴就会把里面的垃圾“嚼碎”。

垃圾车是专门为行进过程中收集垃圾和粉碎废物设计的车辆。垃圾车既可以在前部，也可以在侧方或后部装运垃圾。

我们在街上看到的垃圾车大部分都是后部装卸，垃圾在车内被压扁或挤碎，以便能装运更多的垃圾。

垃圾车的哪个部分可以移动并挤压垃圾？

挤压垃圾的方法有很多。如用铲子将垃圾推向内部有螺旋机械装置的转动的筒壁上。还有阿基米德螺旋泵，它也能吸入并挤压垃圾。

答案：阿基米德螺旋泵

阿基米德螺旋泵是一种与转动装置连接在一起的大型螺旋。

它一般安装在管子里。当螺旋转动时，就能将水或其他物质从入口处提升到出口处。

阿基米德螺旋泵最早的用途是将水从低处抬升至高处，以便灌溉田地。

阿基米德螺旋泵也可以安装在垃圾车里，移动并挤压垃圾。

升降机

哪种机械装置可用来提升玻璃窗清洁工的高度？

答案：滑轮装置

升降机是提升或降低重物高度的一种方式。需要移动的重物与绳索连在一起，绳索既可以是纤维绳，也可以是钢丝绳，它们缠绕在滚筒或滑轮上。

发动机为滚筒提供转动的动力，这里的发动机一般是指电机。滚筒转动时，绳索要么放出要么收回。

如此便可提升或降低重物的高度。

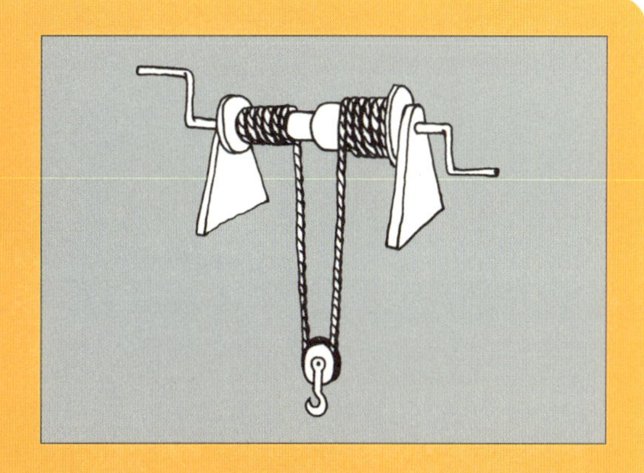

擦洗窗户的升降机可以与安装在轨道上的吊杆相连，而吊杆可以沿着轨道在摩天大楼的顶部移动。

每天，玻璃窗清洁工都会登上升降机，从摩天大楼的顶部被放下。这些建筑物都高耸入云，从顶部甚至能看到城市的全貌。当大楼的窗户从上到下都被清理干净后，工作便会重新开始。清理一座摩天大楼的玻璃窗一般需要六到十周的时间。

升降机被放下前，清洁工人会先向下倒一些水。他们可以通过水的下落过程来判断风力的强弱，以确定是否可以工作。

升降机可以让人们轻松地在摩天大楼外部上上下下。即便如此，清洁工人也需要时刻戴好安全吊带。假如升降机出现问题，安全吊带能保证他们的安全。

卡车

卡车是现代的主力运输工具，能运输包括从牲畜到煤炭和木材的几乎所有的货物。我们在世界各地都能看到它们的身影。有些装有中等尺寸的轮子，有些则装有与一个人差不多高的巨型轮子。

卡车由发动机、底盘、车身和电器系统四部分组成。

燃料在卡车的哪一部分转化为动力？

如今，绝大多数卡车使用内燃机提供动力。卡车使用的燃料不仅要便于携带，还要易于燃烧。最常见的燃料就是汽油和柴油。卡车一般使用柴油，因为行驶同等距离，消耗的柴油要比汽油少。

答案：内燃机

很多交通工具需要燃烧燃料，提供前进所需的动力。燃料在内燃机中燃烧。

在内燃机里，燃料和空气一起燃烧，产生高温高压气体，挤压气缸里的活塞，使活塞上下运动。

活塞带动曲轴转动，而曲轴带动传动轴，并最终带动轮子转动。

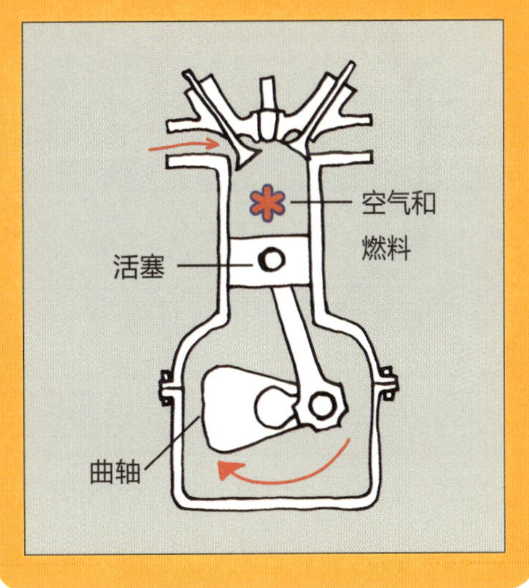

位于驾驶室后方的载货区域可以有很多样式，既可以是没有护栏的平板，也可以是从后面或侧面装卸货物的箱式空间。现代运输工具中的集装箱运输车，就是在平板上放置了一个巨大的集装箱。

人力三轮车

人力三轮车的车夫气喘吁吁地蹬着车子将乘客送上山，而在下坡路上骑起来却容易得多。在平坦的路面上，即便后面坐着两个乘客，三轮车车夫也能轻松地踩蹬踏板。

人力三轮车是一种后方设有双座的三轮车，像出租车一样在亚洲和欧洲的一些城市里运送乘客。人力三轮车既安静又环保，因此深受乘客的喜爱。

人力三轮车使用了哪种简单的机械装置？

答案：轮子

轮子是一种简单的机械装置，它通过车轴与车辆连接在一起，能够有效减少车辆前进受到的阻力。轮子的中心有孔，一个控制杆（也就是车轴）从这个孔中穿过。

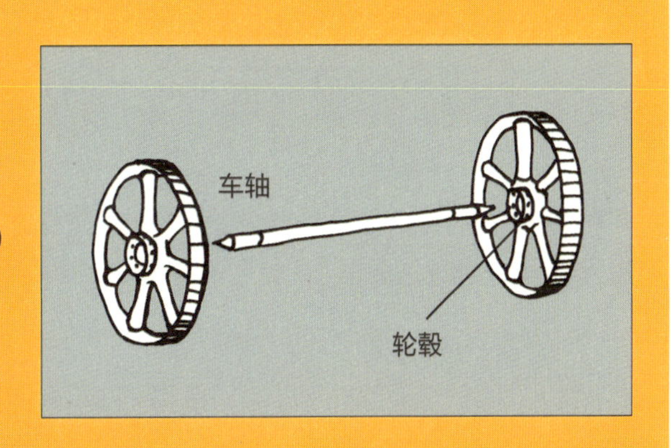

轮子与车轴同时转动，它们以“轴线”这条虚拟的线为轴心转动，轴线穿过轮毂的中心。

当两个轮子分别与车轴两端连在一起时，就能以这个简单的机械装置为基础做成一辆小车或其他交通工具了。

如今的一些城市里有现代版本的人力三轮车，尽管仍然使用“踏板动力”，但这些三轮车也安装了电池系统，让车夫在面对体重过大的乘客时，也能无所畏惧。

三轮车也可以用于运输货物。小商贩骑着三轮车游走于城市街头，听到招呼便会停车服务。

磁悬浮列车

有一种列车的速度可达每小时 400 千米以上，这就是磁悬浮列车。磁悬浮指的是车身靠磁力悬浮于轨道。

列车上和轨道上安装的磁铁可以让列车稳定地在导轨上行进。

由于其轨道的磁力使之悬浮于空中，减少了摩擦力，所以列车不需要直接接触轨道。

磁悬浮列车在什么力的作用下前进？

答案：电磁力

磁铁被看不见的磁场包围着。磁场能对附近的某些物质产生吸引力，如铁和钢。谁也不能“关掉”磁铁的磁性，它们总能吸引由铁或钢制成的物体。

但我们却能随时“打开”或“关掉”电磁的磁性。一个铁块外部缠绕金属线，就是一块电磁铁，这个铁块就是铁心。铁心的作用相当于磁铁，但只有在电流通过金属线时才会产生磁性。

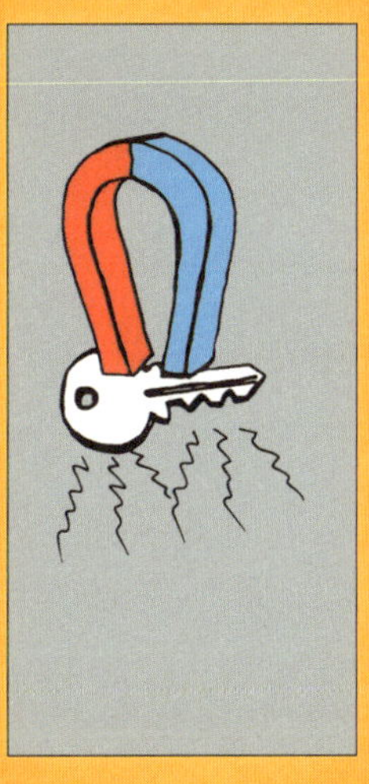

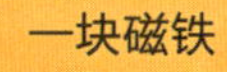
一块磁铁

一块有电流通过的电磁铁

术语表

船闸

船闸是运河系统中帮助船只上下坡的机械装置。

浮力

浮力是物体在流体中受到的向上托的力。浮力的大小等于被物体所排开的流体的重量。

滑轮

滑轮是带有沟槽的轮子，绳索嵌在沟槽中可以让我们更轻松地提起重物。

集装箱

陆运或海运集装箱是一种大型金属箱，用于在运输过程中存放货物。它可以从一种运输方式转移到另一种运输方式。

履带

履带是围绕在拖拉机、坦克等车轮上的钢质链带，由两个或更多轮子驱动。

能量

能量是指物体做功的能力大小，可分为动能、势能、热能、电能、光能、化学能、核能等。一种能量形式可以转换为另一种能量形式。

燃料

燃料是能产生热能或动力的可燃物质，主要是含碳物质或碳氢化合物。

楔子

楔子由两个斜面组合而成，可以产生切割作用力。

转向横拉杆

转向横拉杆是一个与汽车的车轮和转向柱连接在一起的控制杆，通过转动方向盘就能让车辆转弯。

作用力

作用力是作用于物体上的力，一般指两物体间通过不同形式发生相互作用而产生的力。相互作用包括相互吸引、相互运动、形变等。

涂一涂画一画

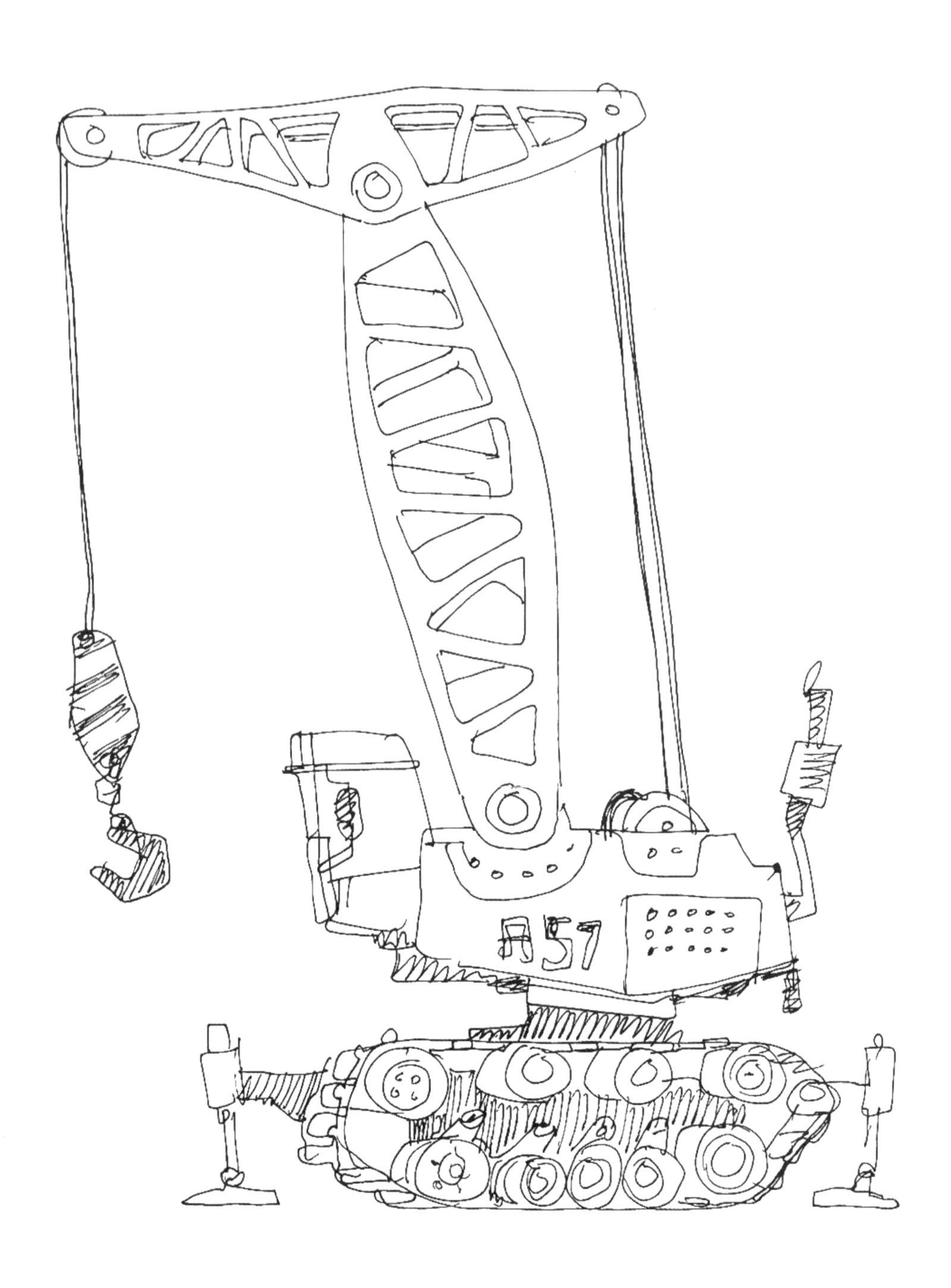

运转的秘密

速度与能量大比拼

[英] 格里·贝利（Gerry Bailey） 著
[英] 伊拉鲁（Iralu） 绘
傅婧瑛 译

机械工业出版社
CHINA MACHINE PRESS

从古至今，人们都对各种竞赛抱有热情。随着科学技术的进步与发展，更多人开始喜爱并参与到惊险刺激的速度和能量比拼的运动中。让我们一起跟随一级方程式赛车、赛艇、有舵雪橇和龙舟来体验速度与能量吧！

本书从物理和工程的角度对隐藏在这些竞速机器背后的科学原理和工程特点做了介绍，向读者展示了它们在工作中的用途及自身运转的奥秘和原理，以充分激发读者对科学原理的兴趣与探索，培养和提升他们的科学素养和科学思维。本书适合青少年自主阅读和低年龄段的亲子共读。

图书在版编目（CIP）数据

运转的秘密. 7，速度与能量大比拼 /（英）格里·贝利（Gerry Bailey）著；傅婧瑛译. — 北京：机械工业出版社，2021.11（2024.6重印）
书名原文：SCIENCE IN ACTION: Race
ISBN 978-7-111-69201-0

Ⅰ. ①运… Ⅱ. ①格… ②傅… Ⅲ. ①科学知识-少儿读物 Ⅳ. ①Z228.1

中国版本图书馆CIP数据核字（2021）第193673号

机械工业出版社（北京市百万庄大街22号　邮政编码100037）
策划编辑：卢婉冬　　责任编辑：卢婉冬
责任校对：张　力　　责任印制：常天培
北京宝隆世纪印刷有限公司印刷

2024年6月第1版・第2次印刷
184mm×260mm・3印张・35千字
标准书号：ISBN 978-7-111-69201-0
定价：199.00元（共7册）

电话服务
客服电话：010-88361066
010-88379833
010-68326294
封底无防伪标均为盗版

网络服务
机　工　官　网：www. cmpbook. com
机　工　官　博：weibo. com/cmp1952
金　　书　　网：www. golden-book. com
机工教育服务网：www. cmpedu. com

写在前面的话

世界上一些让人激动、让人兴奋的体育比赛，就是能让人高速运动、拥有神奇转弯能力的机器之间的比拼。这些机器有的在陆地上行驶，也有的在大海中航行，还有的在天空中翱翔。这些机器可能只能承载一个人，也可能装下整个竞技团队。但不管怎么说，这样的机器能让我们竞速比拼。

这些机器都必须由某种形式的能量提供动力。这个能量可以是电能，可以是由类似石油一样的化石燃料提供的化学能，也可以是动物或人利用自身肌肉运动产生的能量。

现在，让我们来看看这些设计巧妙的竞速机器，通过它们的帮助，我们能够参加惊险刺激的比赛。那么这些神奇的机器背后又有什么样的科学原理呢？让我们来一探究竟吧。

目 录

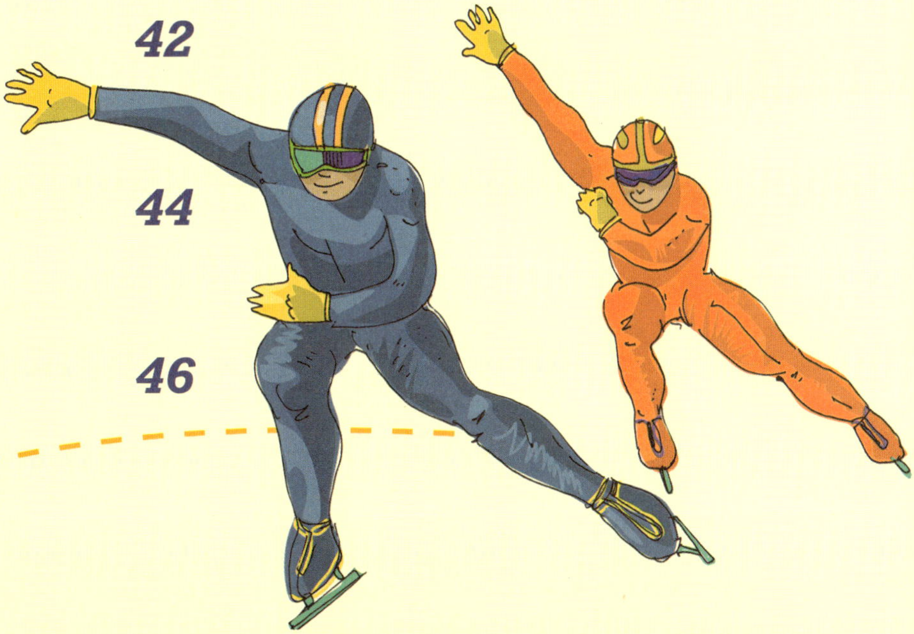

一级方程式赛车

一级方程式赛车是世界上顶级的单座式赛车。只有非常优秀的赛车手才能驾驶一级方程式赛车，也只有非常优秀的汽车设计师和工程师才能设计、制造出这种车辆。“方程式”这个词指的是赛车必须遵守一定的制造规格。“方程式”不但对设计师使用的发动机做出了规定，而且对车身的长度、宽度、高度以及其他细节均做出了规定。

一级方程式赛车的设计目的，就是跑得越快越好。这种赛车究竟能跑多快，取决于发动机的动力大小、车身的流线型程度（也就是空气动力性能的优劣），以及车体的下压力大小。下压力是尾翼提供的额外向下压力，可以让后排轮胎拥有更强的抓地力。

用什么来衡量一级方程式赛车的功率?

零部件

世界一级方程式锦标赛在世界各地举办比赛，其中不乏一些知名的赛道，如英国的银石赛道、意大利的蒙扎赛道和日本的铃鹿赛道。此外，澳大利亚、中国、俄罗斯和阿布扎比也有一级方程式赛事。目前，世界一级方程式锦标赛每个赛季最多设置过21场分站赛。

很多著名的车手都曾赢得过世界一级方程式锦标赛的冠军，如胡安·曼纽尔·范吉奥、迈克尔·舒马赫、吉姆·克拉克和埃尔顿·塞纳。

答案：马力

当科学家谈到“功率”时，指的是某物在单位时间内所能完成的工作量（也就是能做多少功）。功的单位是焦耳，功率就是单位时间内能够做多少焦耳的功。

交通工具的功率可以用“马力”来衡量。1公制马力相当于一匹马在1秒内将一个质量为75千克的物体移动1米所做的功。

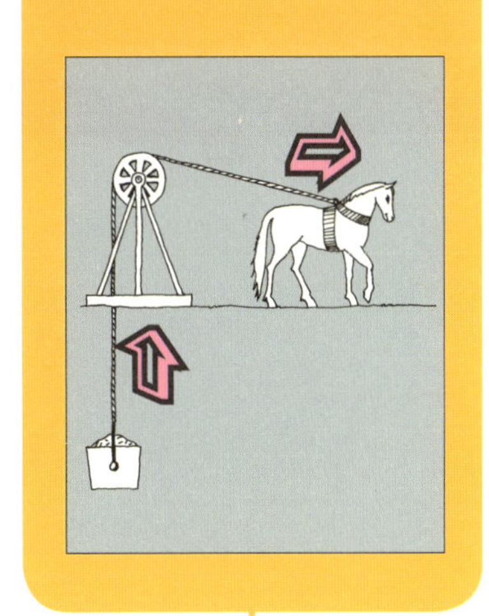

陆上速度纪录

大部分汽车都有相应的竞争对手，可有些汽车的终极目标就是看自己能跑多快。这些就是创造陆上速度纪录的汽车。一辆车保持一个世界纪录，直到另一辆速度更快的汽车出现。一般来说，我们会选择非常平整的地面去打破纪录，如在美国的博纳维尔盐滩。

车头设计成什么样，能帮助这些汽车跑得更快？

答案：流线型设计

随着时间的推移，以空气动力学为基础的流线型设计变得越来越多。空气动力学解决的就是物体在空气中运动的问题。流线型设计的物体在空气中运动时受到的阻力更小，这就是赛车车头都被设计成流线型的原因。

方形导致空气或水经过时被分散，并且在后方形成漩涡，从而减慢物体的运动速度。

圆头或尖头、周身光滑的流线型设计，让空气或水不会产生漩涡，而是流畅地在物体周围流动，由此让物体的运动速度变得更快。

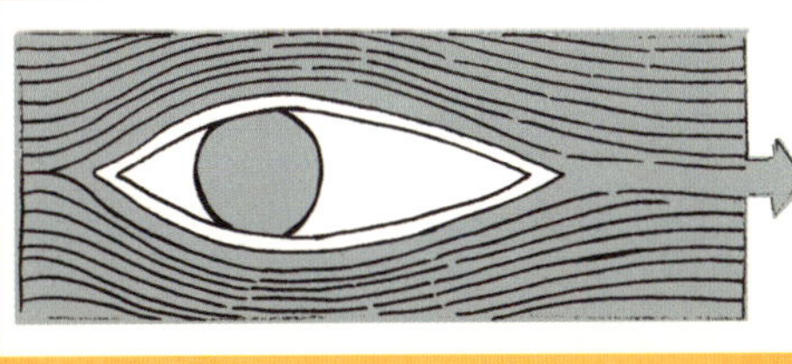

和普通汽车一样，发动机为最早一批竞速汽车提供了动力，只不过这些发动机更大、功率更强。1904年，亨利·福特的“999”汽车创造了每小时147.057千米的速度纪录——这在当时已经是非常了不起的速度了。可这个纪录只保持了一个月就被打破了。

到了1933年，车手马尔科姆·坎贝尔驾驶了一辆被他称为“蓝鸟”的车，这辆车拥有一个排量为36升的发动机（如今一辆普通轿车的发动机排量为2升），它的速度达到了每小时483千米。在那之后，车手们开始尝试喷气式发动机。现在，这些高速汽车的动力均来自大功率喷气式发动机提供的动力。如今，人们的目标是打破每小时1610千米的速度纪录。

拉力赛车

在普通道路上也能开出惊人速度的车就是拉力赛车，和其他赛车一样，这些车就是用来比拼速度的。现代拉力赛分为不同赛段，每辆参赛车辆都要参加。跑完所有赛段用时最少的车辆就能获得冠军。

拉力赛车优秀的转弯性能依靠什么装置？

除车手外，拉力赛车里还有一名领航员；领航员通过查看资料，告诉车手接下来会面对怎样的路况——如究竟是急转弯还是爬坡。拉力赛可以在柏油路上进行，也可以在砾石路上进行，有时还会在冰天雪地里进行。

答案：转向装置

在狭窄的街道和高速车流中，急速行驶的车辆需要具备良好的转向性能。事实上，转向装置在任何交通工具中都是重要的组成部分。

大部分汽车靠前轮转向。前轮与一个被称为“转向横拉杆”的长杆连在一起，转向横拉杆又通过转向柱与汽车的方向盘连接在一起。

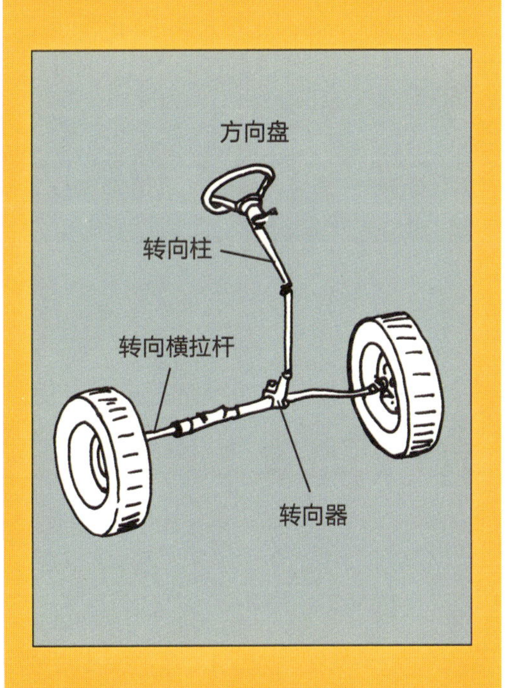

转动方向盘时，转向柱底部的一个小齿轮就会跟着转动，这就是转向器。转向器会推动转向横拉杆横向移动，从而改变车轮的方向。

自行车

自行车赛不仅有趣，而且刺激，同时还环保。自行车不需要化石燃料提供动力，只需要人的肌肉力量就能使自行车动起来。但这并不等于自行车赛的成本不高。自行车的框架和车轮可能使用的是造价高昂的轻质材料，而且配备的是精确度极高的链轮。

自行车最主要的传动装置是什么？

零部件

公路自行车赛是一项非常流行的自行车运动。这样的赛事在公路上举办，其中既有团队间的竞争，也有个人间的竞争。

自行车赛事，如环法自行车赛可能持续三周时间，比赛区域涵盖了法国大部分地区。整个赛事被分为数个赛段，骑手每天都在比拼。比赛不仅有爬坡赛段，也有乡间的平坦赛段。

此外还有计时赛，骑手必须争分夺秒。比赛结束时，所有赛段总用时最少的骑手就是冠军。

答案：链轮

除了前后两个主车轮，一辆自行车想要移动，还需要一系列特殊的小轮子。脚蹬通过曲柄与一个带有尖齿的轮子连接在一起，这个轮子就是链轮。

链条缠绕在链轮上，同时与连接在后车轮上的飞轮相连。脚踏力通过曲柄、链轮、链条传递到飞轮和后轮上，带动自行车前进。自行车变速系统的作用就是通过改变链条和不同的前、后大小的齿盘的配合来改变车速快慢。

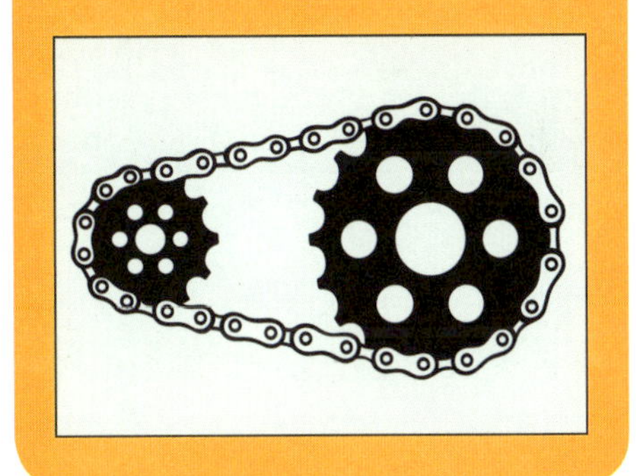

越野摩托车

摩托车赛的种类很多，而摩托车越野赛可以说是其中非常刺激的一种。摩托车越野赛一般在泥泞的赛道上进行，因此轮胎需要有更多的凸起，以增强抓地力。车手需要穿着防护皮衣、佩戴头盔，还需要戴上护目镜，防止飞溅的泥点伤到眼睛。

越野摩托车的发动机上没有发动机罩，以此让车身更具流线型。车把为直线型。摩托车的悬挂系统，特别是弹簧和其他具有减震作用的部件必须足够坚固，既要能承受车辆在凹凸不平的赛道上行驶，又要能充分吸收它在高高跃起后落地时带来的冲击。

怎么能让越野摩托车快速而平稳地行进？

答案：保持平衡

在颠簸的路面上高速运动，意味着各种力量会来回冲击车手。他们需要用身体保持平衡。

是什么让四轮摩托车拥有如此优秀的抓地力？

答案：四轮驱动

大多数汽车都是两轮驱动。也就是说，发动机只与两个前轮或两个后轮连接在一起。

然而，专为越野而设计的汽车通常都是四轮驱动。即发动机可以驱动全部四个车轮。这种设计可以让汽车拥有更大的牵引力和抓地力。

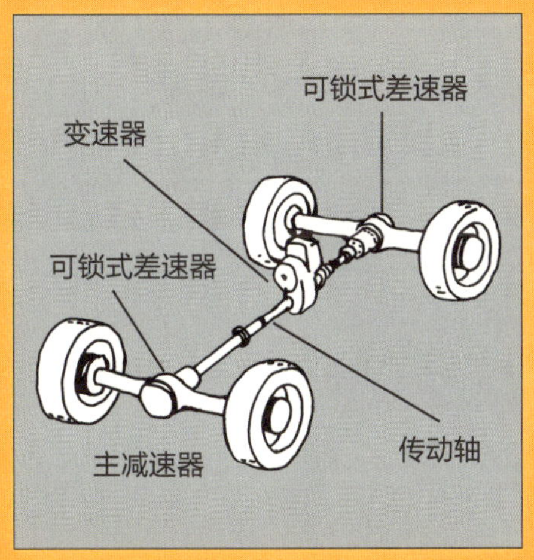

有些汽车是全时四轮驱动。即四轮驱动系统时刻保持运转。有些汽车则配有切换组件，可以在路况变糟时将两轮驱动变为四轮驱动。

四轮摩托车顾名思义，装有四个轮子，而非普通的两轮摩托车。四轮摩托车最初就是为越野所用，有时也会被称为“全地形车”，或者简称为ATVs。

驾驶四轮摩托车和驾驶两轮摩托车一样刺激，还不用担心保持平衡的问题——不过驾驶这种车也需要很多技巧。四轮摩托车的功率非常大，速度也很快；与车身相比，发动机显得很大。事实上，速度最快的四轮摩托车可以达到每小时130千米。我们既可以在越野摩托车赛道上驾驶这种车，也可以在冰上、山地上或者耐力赛这种远距离比赛中驾驶四轮摩托车。

零部件

速度滑冰

速度滑冰一般在拥有两条赛道的椭圆形赛场中进行。滑冰运动员每圈都会变更赛道，比赛长度从 500 米到 10000 米不等。

凭借人的肌肉力量和冰鞋的设计，速度滑冰运动员的速度可以超过每小时 50 千米。运动员需要锻炼出极为强壮的大腿肌肉。同时，冰鞋需要装上很长的冰刀。冰刀越长，运动员的滑行速度就越快。现实中的冰刀长度在 42 到 46 厘米之间，而且非常薄。冰刀下面接触冰面的部分只有 1 毫米厚。

是什么让滑冰运动员在转弯时不会摔倒？

高速绕过急弯时，运动员会被惯性离心力向外推。运动员很容易被这个力量推出赛道，所以他们需要向冰面倾斜 45 度，通过重力来对抗离心力。

滑冰运动员穿着特制的紧身衣，以此减少风阻。紧身衣必须紧贴运动员的身体。运动员可能还会佩戴护目镜，保护眼睛不被眩光和飞溅的冰碴影响。

答案：重力

想要移动一个物体，我们需要利用推力或拉力。大多数情况下，速度滑冰运动员转弯时会利用重力产生力矩以保持身体的平衡。

重力是引力的一个分力，而引力是将物体彼此拉近的一种力。引力的大小取决于物体的质量和彼此之间的距离。

地球上的物体由于地球的吸引而受到的力就叫重力。

赛艇
船桨是哪种简单的机械装置?

我们见过它们在世界锦标赛的狭长赛道里或是在弯曲的河流中竞速。这些船极其“瘦长”，依靠船桨获得动力。这就是赛艇。

船桨起到了杠杆的作用。如果划船手抓住两个船桨，左右手各一个，这就是“双桨划船”。如果只用单桨，那就是“单桨划船”。

参加赛艇比赛的运动员需要具备很多技能，如要懂得协作并能把握时机，同时还需要很强的平衡能力和耐力。赛艇比赛都是在静水水面上进行，一般会有 6 条以上赛道。以奥运会比赛为例，赛艇比赛的距离为 2000 米。

赛艇上有时会配备舵手。他们坐在艇首或艇尾，不仅负责控制方向，也负责指挥船员。这可不是个容易的工作，因为赛艇不必在整个比赛中保持在同一赛道，所以舵手要指挥船员避开其他赛艇。

答案：杠杆

杠杆指的是横杆以一个固定的支撑点为中心进行运动，这个固定的支撑点就是支点。在杠杆的一端施加作用力，可以抬起重物。支点离重物越近，抬起重物所需的力量就越小。

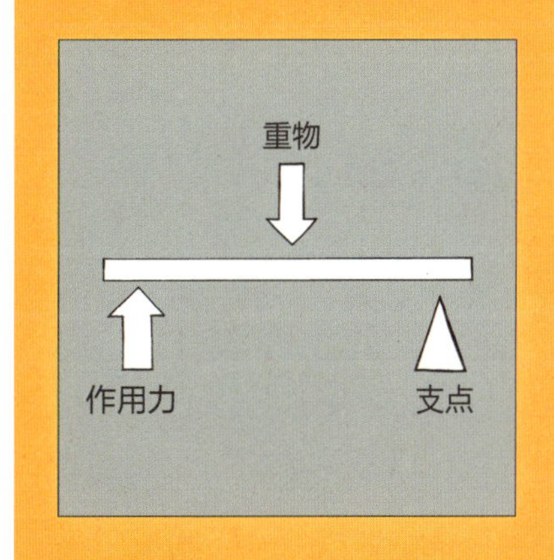

杠杆可根据支点的位置分为不同的种类。船桨属于第一类杠杆，因为它的支点位于中间。重物及作用力分别位于两端。

帆船

每当想起轻巧穿梭于海面或湖面上的帆船时，我们的眼前仿佛会浮现出一幅色彩斑斓的图画。一艘帆船上既可以只有一名船员，也可以搭载多人。帆船大小不一，既有小型的2.4米级帆船，也有大型的可横跨大洋的竞速帆船。

什么为竞速帆船提供了动力？

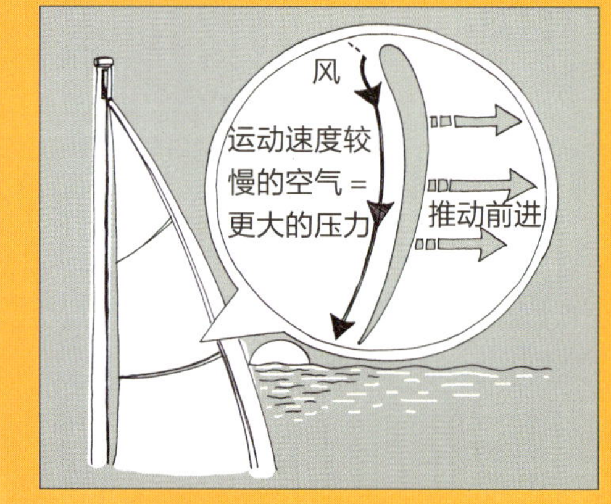

在克利伯环球帆船赛的众多船只中，有长达23米的帆船，船身由玻璃钢和特殊塑料制成。因此，帆船不仅重量很轻，而且船身非常坚固。这样的帆船一般配有两个舵轮，以此减小改变方向的难度。帆船的主桅杆可高达39米。所有帆船均靠风力前进。风帆的形状意味着不需要在船的正后方，风也能推动帆船前进。

答案：风帆

风帆的形状是推动帆船在水中前进的重要原因。风帆的中部略微凸起，弧形外侧比内侧略长。沿着较长一侧运动的风，必须以更快的速度运动，才能与沿着内侧运动的风汇合。

空气运动速度越快，意味着压力（或者说推力）越小。空气运动速度越慢，则压力越大。也就是说，风帆内侧的空气压力更大，从而推动帆船前进。

热气球

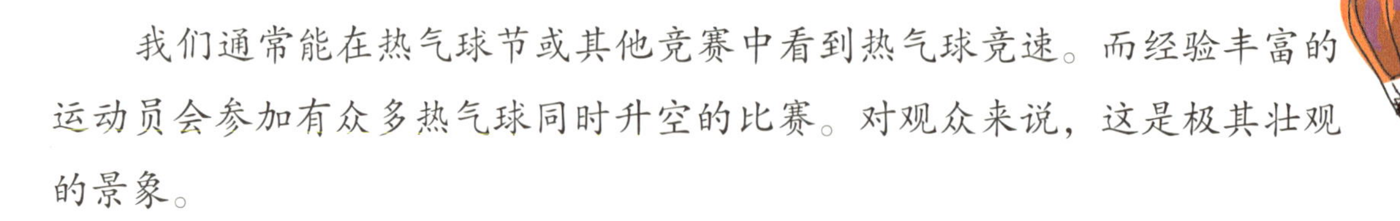

我们通常能在热气球节或其他竞赛中看到热气球竞速。而经验丰富的运动员会参加有众多热气球同时升空的比赛。对观众来说，这是极其壮观的景象。

这些热气球比赛中一般都包括抢钥匙环节。在这样的比赛中，飞行员从观看区外起飞，控制气球朝体育场里的一个旗杆前进。他们的任务是拿走旗杆顶部的一组钥匙。这个挑战听起来简单，但实际操作却很有难度，因为飞行员必须对风速和风向做出准确的判断。

是什么让热气球升上天空？

答案：热空气

和其他物质一样，空气也是由分子这种微小的粒子组成的。被加热时，空气中的分子运动速度变快，互相撞击。这些加速运动的分子会占据更大的空间，因此空气出现膨胀。

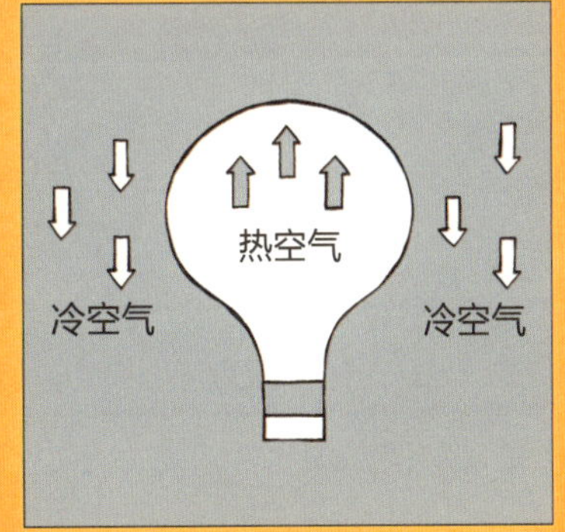

气球内热空气中的分子数量比外部的少，所以重量更轻。若此时空气浮力大过热气球的重量，热气球就会向上升。反之，热气球就会下降

划艇

速度划艇也被称为激流划艇。这种小艇由聚乙烯这种特别的塑料制成，即便受到高速水流的撞击、甚至撞上岩石，艇身也不会漏水或变形。滑动这种小艇需要使用双叶桨，桨的两端都有桨叶。即便配备巨大的船桨，划艇也能因为浮力而漂在水面上。

什么作用力帮助划艇漂在水面上？

我们可以用艇身较短的划艇在激流中做出特技动作，裁判以桨手的技术等级和风格为标准打分。而艇身更长的划艇则更稳定，速度也更快。这些划艇一般用于参加河流竞速。

答案：浮力

浮力是一种作用力，可以简单地理解为液体反向推动固体的力量。浮力能够决定一个物体在液体中究竟是下沉还是漂浮。

这个作用力可以理解为上推力。把一个物体放进液体中时，物体会推走一部分液体，或者说让一部分液体移位。上推力等于被移位液体的重量。

如果物体的重量小于等于上推力，物体就能漂浮在水面上。

划艇重量很轻，修长的艇身只会让一小部分水移位。

摩托艇

摩托艇比赛虽然壮观，但也充满危险。动力强劲的摩托艇行驶速度超过了每小时 150 千米。摩托艇比赛既可以在浮标围成的环形赛道里进行，也可以在大海中进行长距离的直线竞速。

是什么让摩托艇在高速行驶时不会倾覆?

很多海上摩托艇都是双体船，也就是有两个分离并列的船体，上部用加强构架连接成一个整体。驾驶员坐在中间的驾驶舱内。也有的摩托艇只有一个船体，发动机装在船身外部。

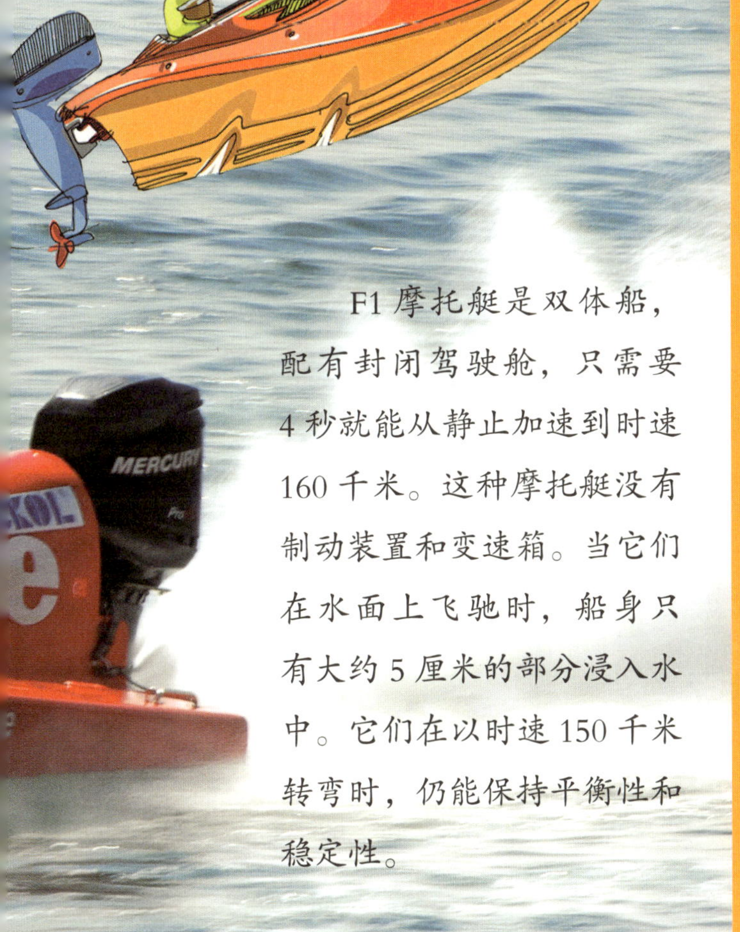

F1 摩托艇是双体船，配有封闭驾驶舱，只需要 4 秒就能从静止加速到时速 160 千米。这种摩托艇没有制动装置和变速箱。当它们在水面上飞驰时，船身只有大约 5 厘米的部分浸入水中。它们在以时速 150 千米转弯时，仍能保持平衡性和稳定性。

答案：重心的位置

任何一个物体都可以有一个象征性的点，我们想象重力产生的合力都在这一点上。这个点就是物体的重心。

重心既可以位于物体内部，也可以位于物体外部。不管怎样，物体在这个点上总能实现完美平衡。

如果从重心垂直向下画出的直线能穿过基底，物体就能保持平衡。

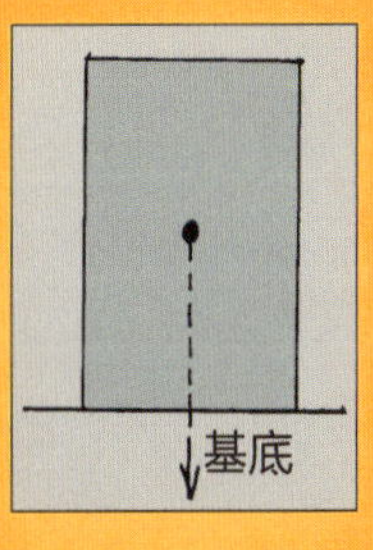

即便物体倾斜，如果这条线仍然穿过基底，那么物体也不会翻倒。

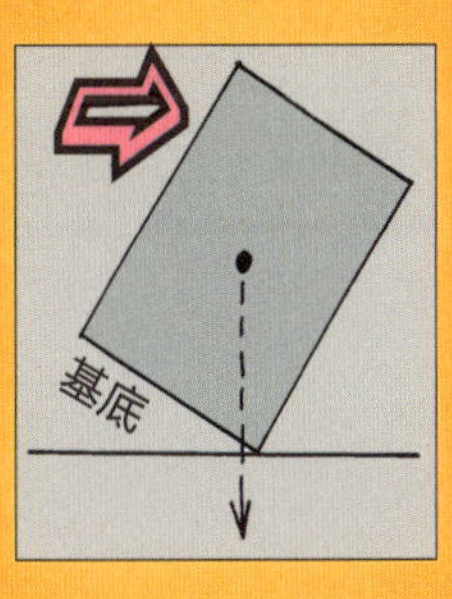

可如果这条线不经过基底，物体就会翻倒。

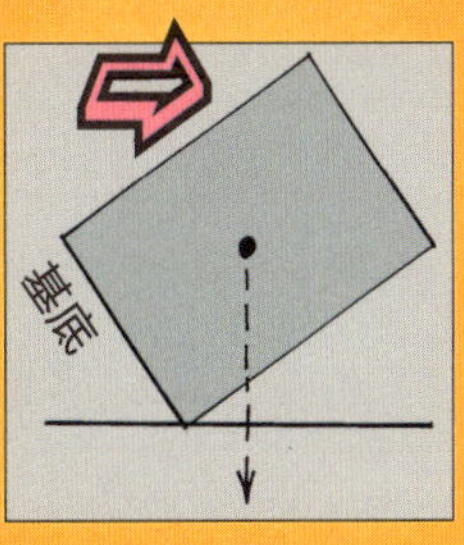

有舵雪橇

它在冰面上滑行。靠着重力提供的动力，这个子弹形状的雪橇以每小时 150 千米的速度撞击着滑道上的护墙。

天啊！速度太快太危险了！这就是叫作有舵雪橇的一种冬季运动。

有舵雪橇分为两人座和四人座。雪橇比赛的滑道不仅狭窄，而且非常曲折，想要抵达终点线需要经过多次转弯。在普通比赛中，一支队伍需要滑行两次，冬季奥运会时则需要滑行四次。每次滑行的时间相加，总用时最短的队伍赢得冠军。

有舵雪橇需要克服什么作用力，速度才能这么快？

现代雪橇一般用轻质钢材制成雪板，用玻璃钢或碳纤维制成外壳。

雪橇比赛开始时，队员保持站立姿势。他们需要推动雪橇近50米，以此获得速度。随后，队员跳入雪橇里。完成上述这套动作并且抵达50米线，大约只需要6秒钟。驾驶员控制雪橇的方向，而“司闸”负责比赛结束时停下雪橇。在四人有舵雪橇中，两个负责推动雪橇的队员坐在驾驶员和司闸之间。

零部件

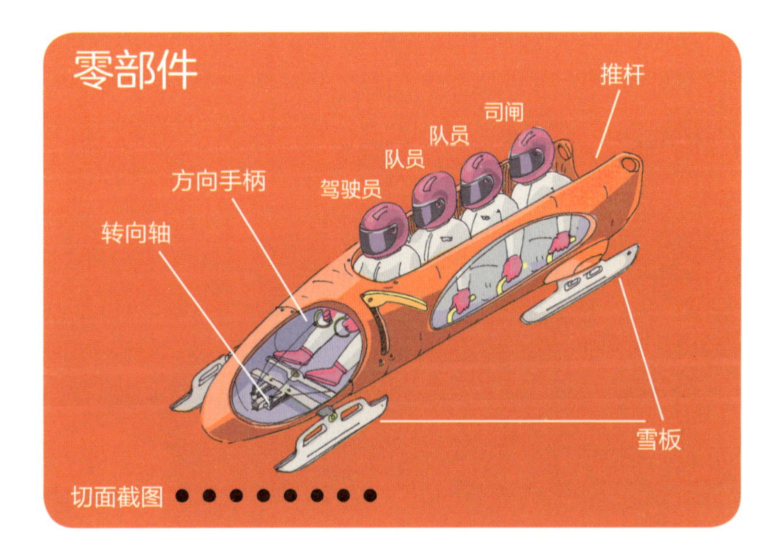

切面截图

答案：摩擦力

摩擦力是一种相互作用力，运动着的物体与其他物体表面发生接触时，就会导致物体运动速度变慢。摩擦力之所以存在，是因为不存在绝对光滑的表面。当两个表面相对滑动时，粗糙点就会有所接触。

雪橇的雪板有助于减小摩擦力。雪板将压力施加于其下方的冰面上，这会导致冰雪融化，让两个表面之间多出薄薄的一层水。

水的摩擦力小于雪的摩擦力，因此减少了雪板滑行的难度。

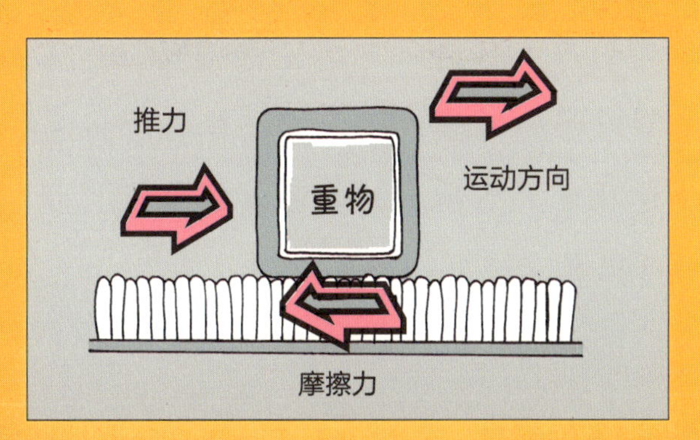

雪地摩托车

只要有雪的地方，我们就一定能看到或大或小的雪地摩托车赛。雪地摩托车赛既可以在乡间进行，也可以在封闭的椭圆赛道、平直赛道或其他地形上进行。可无论在哪里，这些摩托车都会风驰电掣，场面极为壮观。最早的时候，雪地摩托车的最高速度只有每小时 20 千米。如今，参加竞速比赛的雪地摩托车速度已经大大提高，其中的最高速度可以达到每小时 190 千米。

是什么让雪地摩托车的履带这么高效？

雪地摩托车既可以用于短距离竞速，也可以参加长距离比赛。它们可以在冰冻的湖面上行进，也可以穿梭于积雪覆盖的森林中。

雪地摩托车靠前端的两个雪板控制方向，后部配备了履带。履带为雪地摩托车在光滑的雪地上行驶提供了必需的抓地力。雪地摩托车的履带就像北极熊的脚垫，脚垫上的凸起可以帮助北极熊更好地抓住雪地。

答案：抓地力

抓地力描述的是一个物体附着于地面的能力。粗糙的表面可使物体具有较强的抓地力。若想在光滑的表面上行进，需要增大物体的抓地力。

我们可以通过增加接触表面的粗糙程度来实现以上目的。雪地摩托车的履带上装有像金属牙齿一样的嵌钉，使得表面更加粗糙，因此在雪地上能获得更强的抓地力。

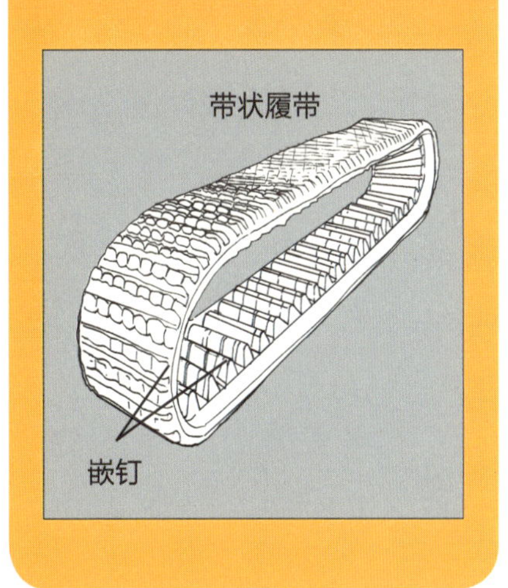

减重高速赛车

随着减重高速赛车离开起跑线，它那巨大的后胎旋转产生了大量烟雾。当轮胎终于稳稳抓住地面时，赛车开始在402米长的赛道上急速前进。旁边的赛道上，另一辆赛车正在拼命追赶对方。抵达终点线时，这些赛车的速度接近每小时525千米。这就是减重高速赛车，也是世界上加速最快的车辆之一。

想要停车，车手不能依靠常规的制动，因为减重高速赛车上根本没有制动装置。车手必须使用减速伞。

是什么让减重高速赛车的巨大后胎拥有额外的抓地力？

赛车尾部弹出减速伞，利用风阻为动力强劲的赛车减速并最终停下。

顶级的减重高速赛车装有巨大的后胎，这是为了尽量增加轮胎的抓地力。可发动机的强大动力还是会让轮胎打转滑动。

想获得更多的抓地力，赛车需要为后轮轴连上巨大的尾翼。这个尾翼的形状就像一个倒置的飞机机翼，因此尾翼的下表面是弧形，上表面是平面。这就导致通过下方的空气速度更快。空气快速流动，意味着尾翼下方的压力更小，而尾翼上方的压力更大。尾翼上方额外的压力就是下压力，这个作用力有助于后胎获得更多的抓地力。

比赛开始时，旋转着的巨大后胎制造出了一团烟雾。

答案：尾翼

减重高速赛车的尾翼有着和其他所有翼相同的原理。只不过其下表面是弧形，上表面则是平面。

尾翼下方空气的流动速度比上方更快。

空气流动速度越快，气压就越低。

尾翼上方的空气流动速度较慢。速度较慢的空气在赛车上方制造了更大的压强，让赛车拥有更强的抓地力。

狗拉雪橇

雪橇犬是一种训练有素的狗，一般是哈士奇，它们可以在冰雪覆盖的地面上拉动装有滑雪板的交通工具。雪橇犬一般通过缰绳与雪橇相连。

短程冲刺赛的比赛距离很短，这种竞争激烈的赛事通常持续两到三天，选手们在同一场比赛中不能更换雪橇犬。中等长度的比赛，赛程可能有几百千米。而距离最长的比赛将会分阶段进行很多天。

雪橇犬使用哪三种形式的能量？

答案：化学能、势能和动能

雪橇犬需要很多能量。和人类一样，它们从摄入的食物中获取能量。食物在雪橇犬身体中被分解，雪橇犬需要的化学物质被储存在它们的身体中。这种能量就是化学能。

如果雪橇犬什么也不做，那么储存起来的能量就被理解为势能。之所以这么理解，是因为它有可能随时使用。

一旦雪橇犬开始运动，储存在身体中的能量就会被利用，转变为动能。动能是运动的能量。

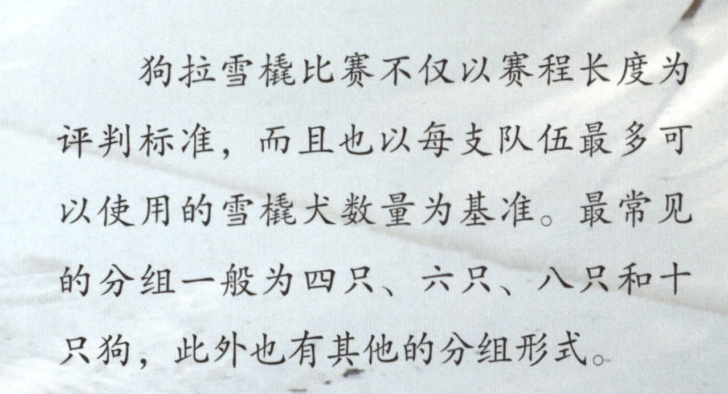

狗拉雪橇比赛不仅以赛程长度为评判标准，而且也以每支队伍最多可以使用的雪橇犬数量为基准。最常见的分组一般为四只、六只、八只和十只狗，此外也有其他的分组形式。

龙舟

它们就像一条条游弋在水面的巨龙一样，场面极其壮观。赛龙舟最初是中国传统文化的一部分，如今全世界有超过60个国家和地区都在举办龙舟节和龙舟比赛。

龙舟比赛只是众多需要使用船桨的赛船比赛之一。坐在龙舟里的桨手面向船头，使用的船桨不与船身相连。桨手的数量越多，提供的动力就越大，龙舟的速度就越快。龙舟赛的赛程从200米到2000米不等，两艘龙舟并排竞速。

什么力会减慢龙舟的速度？

传统的龙舟又细又长。船头上有雕刻出来的龙头，船尾刻有龙尾，船身涂有龙鳞。龙舟上一般有 18 到 20 个桨手，外加一个鼓手和一个舵手。

答案：阻力

桨手必须克服阻力。这股力量与船的前进方向相反，会减慢船的速度。阻力实际上是一种摩擦力。

所有交通工具在空气或水中运动时都会遇到阻力。飞机或船舶的运动速度越快，它们需要克服的阻力就越大。

当运动的物体推开前进路上的空气或水时，空气或水也会反向施加作用力。空气或水产生的阻力永远与物体的运动方向相反。

改装赛车

过去的改装赛车是稍作改变的普通汽车——只是让汽车变得更轻、更坚固而已。可现在，情况却大不一样了。这些改装赛车可以发出雷鸣般的声响，它们在长长的椭圆形赛道里飞驰，速度能超过每小时300千米。

什么为改装赛车提供动力？

现今的改装赛车虽然看起来和普通汽车相似，但车身很坚固，而且设计目的纯粹就是为了赛车。在美国，纳斯卡汽车赛（NASCAR）是最重要的赛事之一。参加这项比赛的大部分车队的总部都位于美国东南部的北卡罗来纳州。

答案：内燃机

内燃机中，活塞在吸入空气后还会挤压空气。被挤压的空气的温度变得极高。接下来，汽油喷射进来，与热气混合后燃烧。燃烧产生的动力推动活塞运动，活塞接着带动一根被称为曲轴的连杆运动。

以上过程反复进行。曲轴带动传动轴，而传动轴会带动轮子转动，汽车因此得以移动。

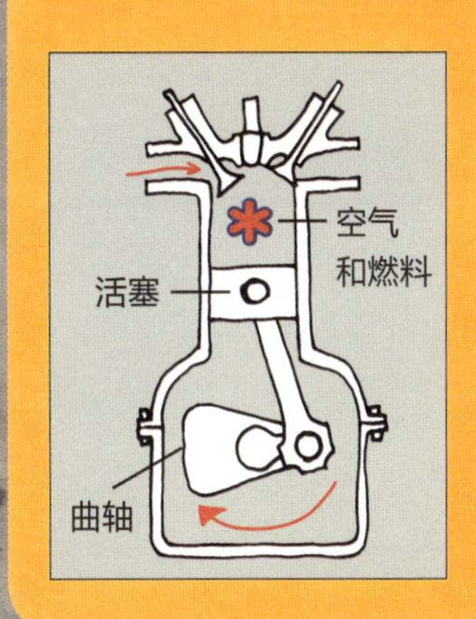

卡丁车

大多数F1赛车手的赛车生涯都开始于卡丁车。我们可以说，卡丁车是人们成为职业赛车手这条漫长道路的起点。原因在于，卡丁车与其他开轮式赛车存在着共同点。

卡丁车的发动机如何与驱动轮连接在一起？

卡丁车是一种小型的四轮开轮式交通工具，在缩小比例的赛道上进行比赛。不同的轮胎决定了它们的速度，有的超级卡丁车速度可以非常快，时速能达到160千米。

卡丁车的底盘用钢管支撑，这个底盘需要足够柔韧，才能吸收颠簸和转弯带来的冲击。发动机产生的动力通过链传动装置驱动卡丁车。

答案：链传动装置

链传动是通过链条将具有特殊齿形的主动链轮的运动和动力传递到具有特殊齿形的从动链轮的一种传动方式。链轮的轮辋上有一些凹槽，两凹槽之间的凸起部分叫作轮齿。

链传动可用于改变运动方向或改变运动速度。

当主动链轮转动时，会带动链条移动，从而驱动从动链轮转动，实现动力的传递。这就是卡丁车的驱动方式。

飞机

飞机在距离地面20米的空中滑翔而过，径直飞向由塔桥搭建而成的门状障碍。两个塔桥之间的距离很小，小到飞机似乎无法穿越的程度。突然间，飞机向内侧倾斜。倾斜的飞机轻松穿过门状障碍，高速飞向下一个障碍物。这就是红牛竞速飞行赛。

哪个部件为红牛竞速飞机提供动力？

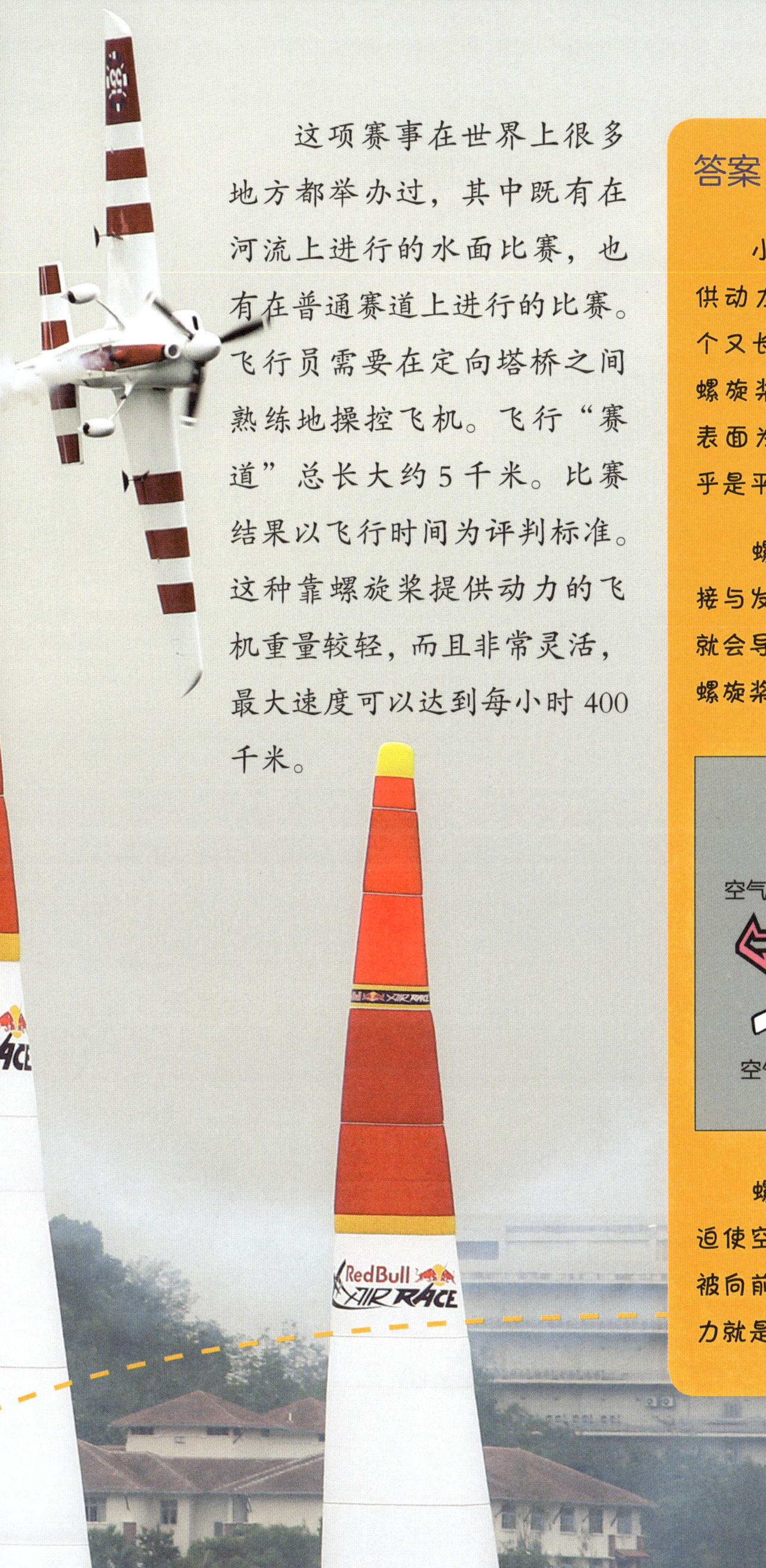

这项赛事在世界上很多地方都举办过，其中既有在河流上进行的水面比赛，也有在普通赛道上进行的比赛。飞行员需要在定向塔桥之间熟练地操控飞机。飞行“赛道”总长大约5千米。比赛结果以飞行时间为评判标准。这种靠螺旋桨提供动力的飞机重量较轻，而且非常灵活，最大速度可以达到每小时400千米。

答案：螺旋桨

小型飞机依靠螺旋桨提供动力。双叶螺旋桨就像两个又长又薄的翅膀连在一起。螺旋桨的桨叶呈弓形，即上表面为圆弧形，而下表面几乎是平直的。

螺旋桨一般通过连杆直接与发动机相连。发动机转动就会导致连杆转动，从而带动螺旋桨快速转动。

螺旋桨的桨叶转动时会迫使空气向后运动，飞机因此被向前推动。这个向前的作用力就是推力。

术语表

动能

动能是物体由于机械运动而具有的能量。

舵

舵一般位于船尾，作用类似于船桨，用于控制船的行驶方向。

分子

分子是物质中能够独立存在并保持本物质一切化学性质的最小微粒，由原子组成。

浮力

浮力是物体在流体中受到的向上托的力。浮力的大小等于被物体所排开的流体的重量。

马力

马力是功率的非法定计量单位。在标准重力加速度下，每秒钟把 75 千克的物体提高 1 米所做的功就是 1 马力。

摩擦力

摩擦力是指两个相互接触的物体，当有相对运动或有相对运动趋势时，在接触面上产生的阻碍运动的作用力。

平衡

平衡是指几个力同时作用在一个物体上，各个力互相抵消，物体保持相对静止状态、匀速直线运动状态或绕轴匀速转动状态。

势能

势能是相互作用的物体由于所处的位置或弹性形变等而具有的能量。

重心

物体内各点所受的重力产生合力，这个合力的作用点叫作这个物体的重心。

阻力

阻力是一种妨碍物体运动的作用力。

涂一涂画一画

运转的秘密
几百年前的车马船

[英] 格里 · 贝利（Gerry Bailey） 著
[英] 伊拉鲁（Iralu） 绘
傅婧瑛 译

机械工业出版社
CHINA MACHINE PRESS

现代的交通工具异常发达，速度、安全与舒适兼备。但是在几百年前甚至更早的时候，人们出行是极为不便的，尤其是出远门。那么，他们是用什么代步的呢？让我们跟随轿子、四轮敞篷马车、贡多拉和科拉科尔小艇等交通工具去那些年代看看吧！

本书从物理和工程的角度对隐藏在古代交通背后的科学原理和工程特点做了介绍，向读者展示了它们在工作中的用途及自身运转的奥秘和原理，以充分激发读者对科学原理的兴趣与探索，培养和提升他们的科学素养和科学思维。本书适合青少年自主阅读和低年龄段的亲子共读。

北京市版权局著作权合同登记　图字：01-2020-3781 号。

图书在版编目（CIP）数据

运转的秘密. 5，几百年前的车马船 /（英）格里 · 贝利（Gerry Bailey）著；傅婧瑛译. — 北京：机械工业出版社，2021.11（2024.6重印）
书名原文：SCIENCE IN ACTION: Long Ago
ISBN 978-7-111-69201-0

Ⅰ. ①运…　Ⅱ. ①格…　②傅…　Ⅲ. ①科学知识-少儿读物　Ⅳ. ①Z228.1

中国版本图书馆CIP数据核字（2021）第193671号

机械工业出版社（北京市百万庄大街22号　邮政编码100037）
策划编辑：卢婉冬　　责任编辑：卢婉冬
责任校对：张　力　　责任印制：常天培
北京宝隆世纪印刷有限公司印刷

2024年6月第1版 · 第2次印刷
184mm × 260mm · 3印张 · 35千字
标准书号：ISBN 978-7-111-69201-0
定价：199.00元（共7册）

电话服务　　网络服务
客服电话：010-88361066　　机　工　官　网：www. cmpbook. com
010-88379833　　机　工　官　博：weibo. com/cmp1952
010-68326294　　金　　书　　网：www. golden-book. com
封底无防伪标均为盗版　　机工教育服务网：www. cmpedu. com

写在前面的话

从发明轮子时起，人类在交通工具的发展上已经取得了长足进步，但现在的很多运输方式仍然离不开轮子。如今，我们总是希望以更快的速度、更高的舒适度往来于不同的地点。

想要完成工作，这些交通工具就需要能量。它们可以使用电能，也可以使用来自化石燃料提供的化学能。

功率指的是物体在单位时间内做的功的多少，功率的单位是瓦特或马力。功率可以描述搬运工人所做的功，也可以描述明轮船所做的功。

让我们深入了解一些古老的交通工具及其蕴含的科学知识吧！正是它们为如今那些神奇的发明奠定了基础。

目录

帆船

是什么帮助帆船快速航行？

想象一下，当一艘将货物从陆地的一端运输到另一端的商船在海上高速航行时，风力被船上巨大的风帆阻挡会是怎样一番情景。这就是“帆船”这种大船名字的由来。

这些三桅至五桅的帆船都是庞然大物，拥有钢制的船体或框架。它们被设计用于长途运输重型货物，依靠风力推动最多 20 块方形的风帆向前航行。

这些大型船只在 19 世纪晚期最为流行，但直到 20 世纪 50 年代仍在被使用。如今，人们甚至计划重新让这些帆船回到大海。不管怎么说，风力是一种廉价且环保的能源，只不过当大海风平浪静时，帆船可能需要发动机才能移动。

普鲁士号帆船。

答案：风帆

风帆的形状是推动帆船在水中前进的原因。风帆的中部略微凸起，弧形外侧比内侧略长。沿着较长一侧运动的风，必须以更快的速度运动，才能与沿着内侧运动的风汇合。

空气运动速度越快，意味着压力（或者说推力）越小。空气运动速度越慢，则压力越大。也就是说，风帆内侧的空气压力更大，从而推动帆船前进。

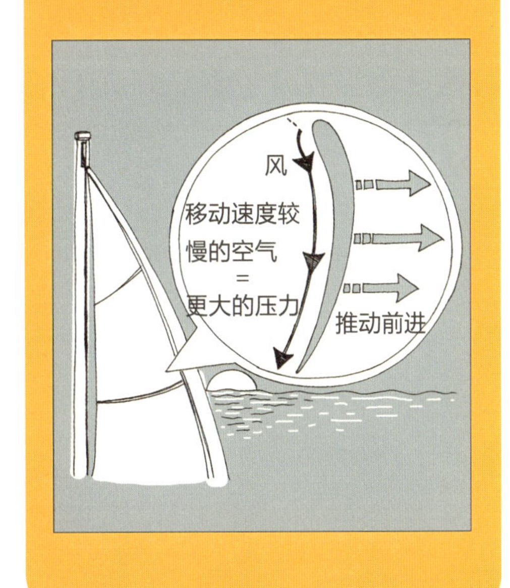

蒸汽火车

世界上最早的蒸汽机体积巨大，而且需要大量工作才能运转起来。它们需要数量巨大的煤炭；煤炭经过燃烧，加热锅炉中的水。然后释放出的炙热的蒸汽推动活塞，带动轮子转动。

如果蒸汽机被置于一系列车厢或开放货箱前，就能运载大量的货物或人员，穿梭于各个城市之间。蒸汽机和一系列车厢连在一起，就是我们熟知的蒸汽火车。

功率强劲的蒸汽机可以拖动 50 节车厢。

蒸汽火车的动力是什么？

答案：蒸汽机

当蒸汽推动气缸中的活塞时，活塞可以前后运动。推动轮子移动的就是这种摇摆动作。

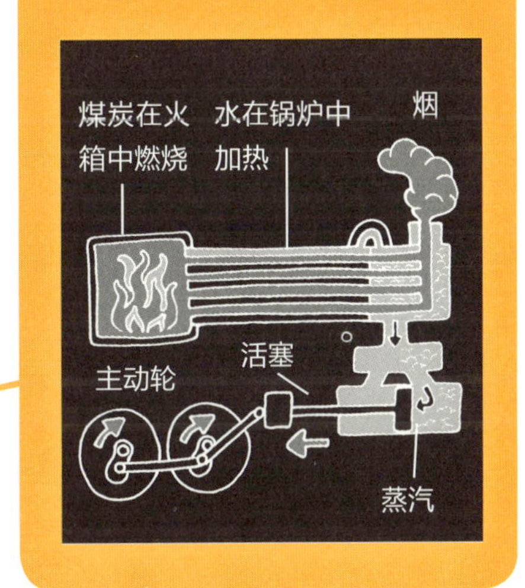

蒸汽火车行驶在铁轨上，不仅速度快，而且很平稳。不过，蒸汽机也有其他用途，可以为其他农用机器提供动力。

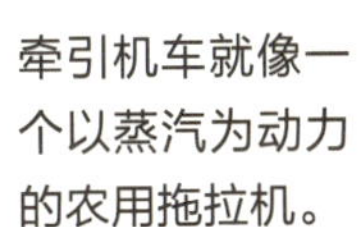

牵引机车就像一个以蒸汽为动力的农用拖拉机。

大篷马车

当旅行者在北美大陆或非洲南部踏上长途之旅时，如前往千里之外寻找新的定居点，他们会把所有的财产、食物和武器都装进马车里，并相信自己能够安全抵达目的地。那个时候没有公路，这样的旅程可能长达数周甚至数月，而且危险重重。

是什么让马车在颠簸的路面上不会翻倒？

因为装载着多人的财产，所以将货物装上马车时必须小心谨慎，才能避免马车翻倒在颠簸的路面上。又大又沉的车轮让马车得以征服地面上的凸起与凹陷，而宽大的轮辋则能避免车轮陷入松软的地面。布制的车篷因为浸了油而防水，可以在恶劣的天气状况下保护马车中的人和货物。

答案：重心的位置

任何一个物体都可以有一个象征性的点，我们想象重力产生的合力都在这一点上。这个点就是物体的重心。

重心既可以位于物体内部，也可以位于物体外部。不管怎样，物体在这个点上总能实现完美的平衡。

如果从重心垂直向下画出的直线能穿过基底，物体就能保持平衡稳定。

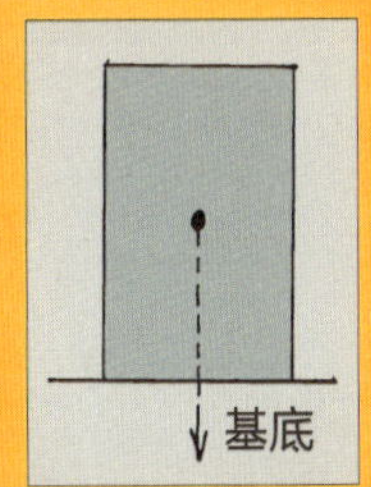

即便物体倾斜，如果这条线仍然穿过基底，那么物体也不会翻倒。

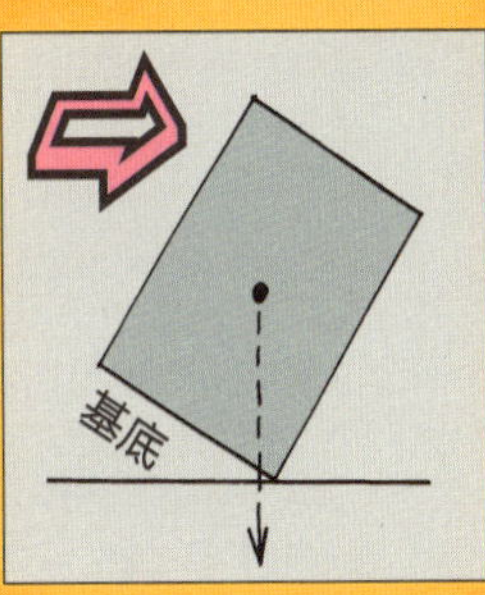

可如果这条线不经过基底，物体就会翻倒。

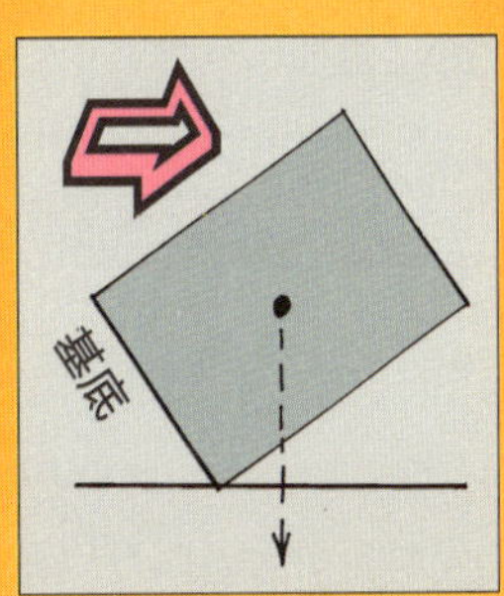

大小轮车

大小轮车看起来不太舒适，而且还充满危险，骑在这样的老式自行车上也并非易事。不过让人意外的是，这种自行车其实是有一些优点的。

那个年代的自行车尚未装配链轮，所以加快速度的唯一办法就是把前轮做得更大。脚踏板与大轮子相连，蹬一下脚踏板，大轮子滚过的长度就会比小轮子更长。此外，大轮子还有一个用途：那个年代的道路很不平坦，非常颠簸，大轮子可以压过地面的孔洞和车辙，让骑车的人感觉更平稳些。

哪种简单的机械装置让大小轮车在路面上轻松行进？

一枚英国便士
和一枚旧法寻。

大小轮车的英文名字penny farthing来自于人们对这种机械装置的戏谑称呼。这种自行车看起来就像人们口袋里的两枚硬币——较大的便士和较小的法寻。

答案：辐条式车轮

早期的轮子是实心的木质圆盘。这种轮子不仅很重，而且在路况糟糕时很难拉动——特别是轮子被固定在车轴上用来运输重物的时候。

古老的实心
木质轮子

几千年前，古埃及人对车轮做出了改进设计。他们想给速度飞快的双轮战车配备轻便的车轮，于是切除了车轮中的一部分木头。

最终，轮子在演变过程中彻底抛弃了实心设计，而是由连接在车轮中心轮毂上的轻型轴或木质辐条制成的。

四轮敞篷马车

四轮敞篷马车是一种轻便且优雅的交通工具。这是一种开放型马车，带有一个可折叠的顶篷；可这种马车没有门或真正能够遮风避雨、阻挡飞溅泥点的保护装置。不过四轮敞篷马车的操控性很好，车主不需要马夫或侍从也能很好地驾驭这种交通工具。驾车人的座位做成了板凳的样子，被放在了很高的地方，人们必须依靠梯子才能爬到这个座位上。事实上，由于高出地面太多，四轮敞篷马车并不平稳，甚至容易翻车。

总的来说，四轮敞篷马车是一种优雅、速度快且极其吸引人眼球的交通工具。当时拥有这种交通工具的都是那些追赶时髦且喜欢被关注的人！

是什么让四轮敞篷马车乘坐起来更舒适？

答案：弹簧

弹簧的形状可能像一个螺旋线圈，也可能像弹跳高跷里弯曲的叶片。不管形状如何，弹簧的作用都是相同的。不论被压缩还是被拉伸，弹簧都会生成一股向相反方向作用的力。产生这种相反力的原因，是弹簧想要恢复原始状态。

如果下压一个放在地上的弹簧，你会感受到手掌被向上推。向下压得越狠，手掌上感受到的推力就越大。

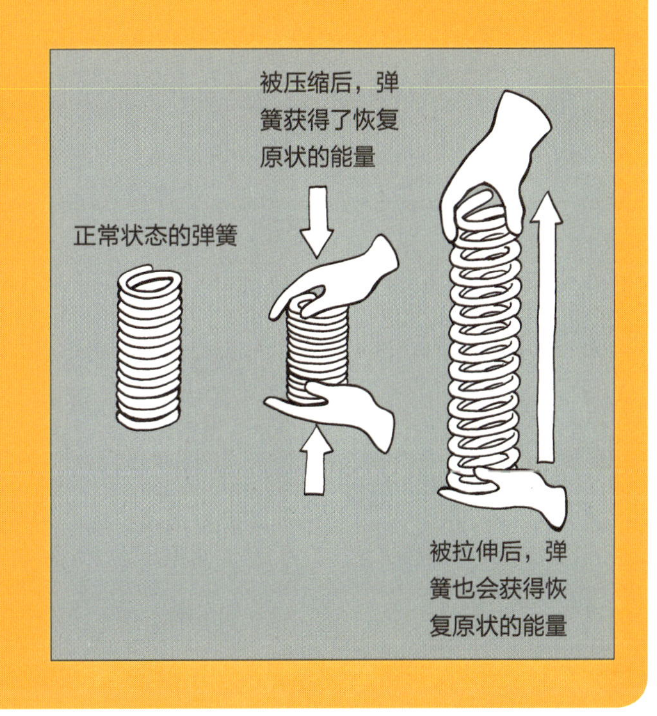

四轮敞篷马车的速度很快，但乘坐的舒适度却不高。在 19 世纪马车流行的时候，道路是崎岖不平的，因此人们将两组弹簧装在座位下方，以缓解乘坐时的颠簸。

贡多拉

想象一块形状为细长条的地域，这里的土地皆为平原，河流、小溪纷繁交错，奔涌流向大海，到处都是沼泽地。渔夫和造船工人是这里的主要居民，因为这里的土地过于潮湿，无法耕种或建造。不过随着时间的推移，内陆泻湖成为抵御外敌的天然屏障，岛屿发展成港口，从海外驶来的贸易船来到港口交易货物。

这就是意大利富裕的威尼斯城及其周边岛屿的诞生。

是什么让贡多拉操作起来如此简单、移动如此迅速？

在几百年甚至上千年里，水路是从一个地点前往另一个地点的唯一途径。窄长形的船舶，或者说速度很快、只需要一根长杆就能转弯的贡多拉，逐渐成为威尼斯主要的运输方式。贡多拉的线条十分优美，船身又长又尖。因为流线型设计极为出色，所以只需要一名船夫就能控制一艘贡多拉。

最初，贡多拉只是富人的城市交通专用工具，或是用于拜访临近的岛屿。如今，这些搭载着来自世界各地游客的小船仍然忙于沿着城市的运河前往附近著名的岛屿。

答案：流线型设计

随着时间的推移，以空气动力学为基础的流线型设计变得越来越多。而流体动力学解决的就是物体在水中运动的问题。流线型设计的物体在水中运动时受到的阻力更小，这就是贡多拉的船头被设计成流线型的原因。

方形导致空气或水经过时被分散，并且在后方形成漩涡，从而减慢物体的运动速度。

圆头或尖头、周身光滑的流线型设计，让空气或水不会产生漩涡，而是流畅地在物体周围流动，由此让物体的运动速度变得更快。

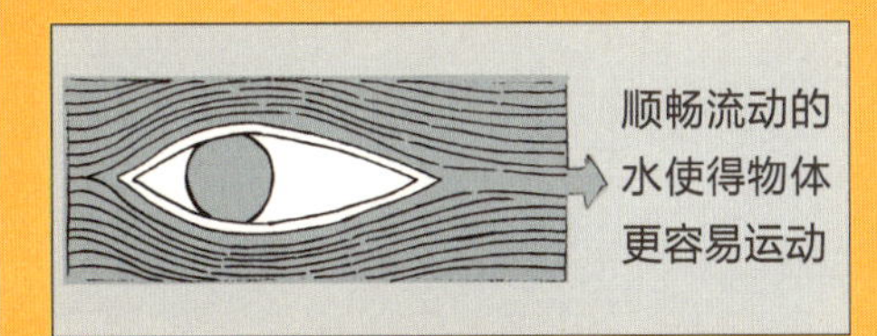

三桨座战船

三桨座战船是一种令人生畏的船舶。2500年前，古希腊人用这种船将大量军团运送到地中海沿岸各地。这些威风凛凛的大船靠桨手移动，而一艘船上可以搭载约170名桨手！三桨座战船的名字源于桨手在船中的座位安排（三桨座战船对应的英文单词为trireme，其中tri在希腊语中的意思就是“三”），这些桨手分别在船的两侧排成三条直线，且分布在三层，所以上层和下层的船桨可以自由移动，不会与中层船桨相撞。

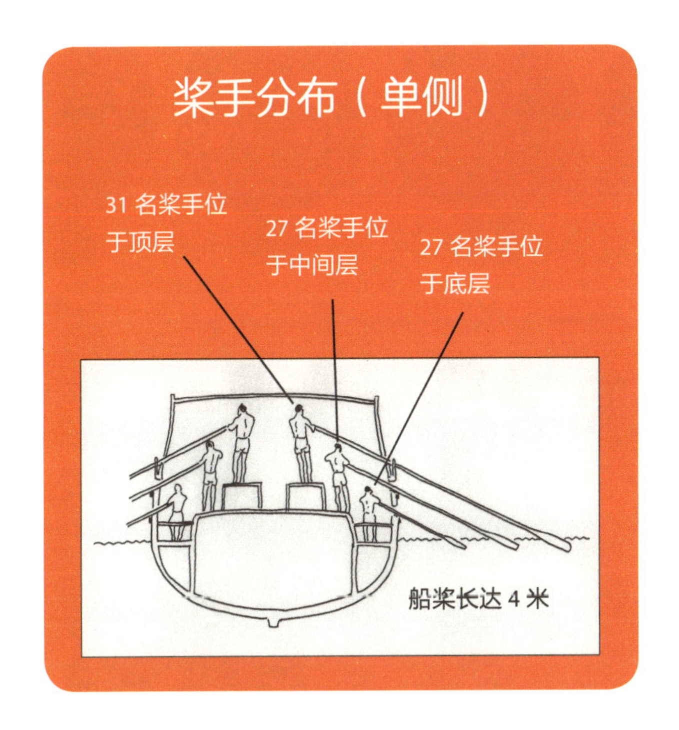

桨手也是战士，力量是其最受重视的优点之一。特别是考虑到战船每晚都需要被拖上海岸，也就是说要将50吨重的木质船舶拖上海岸，因此力量的重要性是不言而喻的。

尽管船体很大，但通力合作的约170名桨手仍能让三桨座战船高速前进——短距离冲刺时的最大速度可达9节或10节。

答案：节

“节”是用来衡量船速的单位。速度为 1 节的船舶每小时的航行距离为 1.852 千米。

直到 19 世纪中期，人们还在用可以抛在海面上的带铅块的木板测量船速。木板上连着测速绳，每 14 米左右打一个绳结。船在行驶过程中会释放测速绳，水手使用沙漏计算绳结被抛向海里的速度，由此计算出船速。

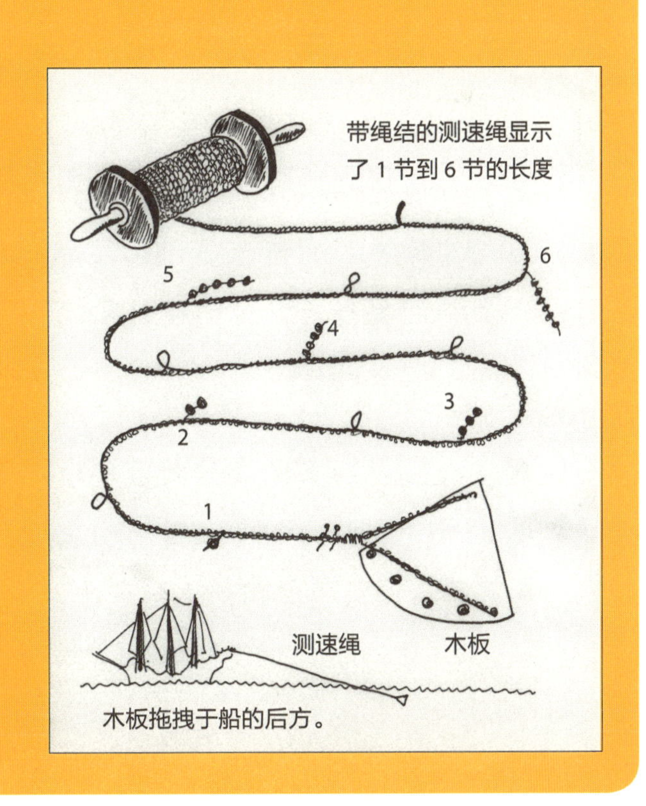

木板拖拽于船的后方。

蒙戈尔费埃气球

18 世纪中叶，在法国生活着约瑟夫 - 米歇尔 · 蒙戈尔费埃和雅克 - 艾迪安 · 蒙戈尔费埃两兄弟。兄弟二人从小就痴迷于创造利用热空气的飞行器，希望乘坐这样的飞行器在天空中飞翔。

两个人制造的第一个气球是用粗麻布制成的，这是一种通过编织动物毛制成的粗糙面料。随后，他们又给内层麻布覆盖了几层薄薄的纸。经过一次成功的飞行后，他们设计出了更大且更壮观的气球。

没过多久，发明家们开始用氢气填充气球内部。氢气是一种很轻的气体，因为密度低，或者说比空气轻，所以氢气能飘浮在空气中。

是什么让蒙戈尔费埃气球升空？

答案：热空气

和其他物质一样，空气也是由分子这种微小的粒子组成的。被加热时，空气中的分子运动速度变快，互相撞击。这些加速运动的分子会占据更大的空间，因此空气出现膨胀。

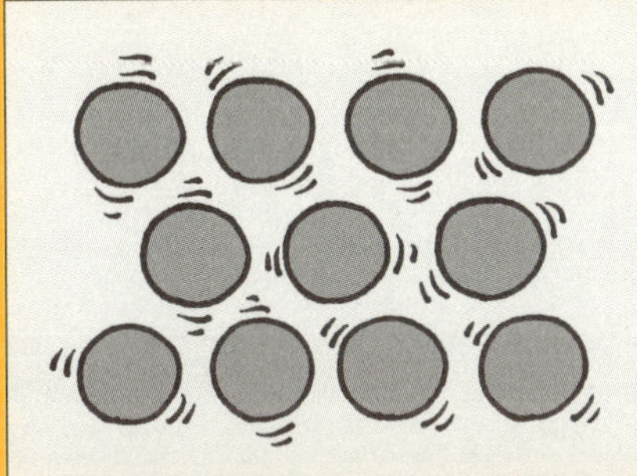

气球内热空气中的分子数量比外部的少，所以重量更轻。若此时空气浮力大过热气球的重量，热气球就会向上升。反之，热气球就会下降。

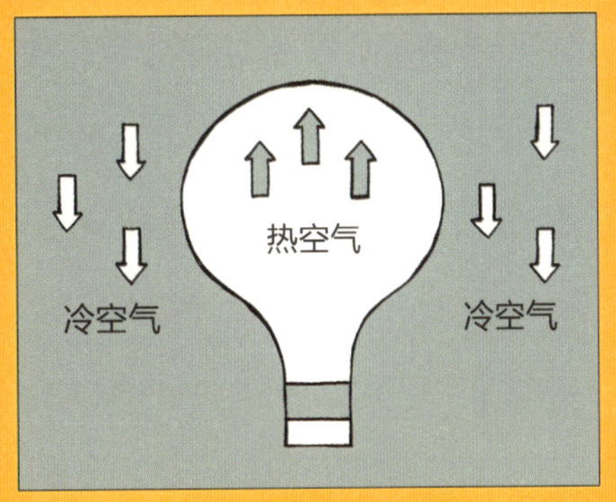

明轮船

明轮船有一个关键的部件，使它能在河流中前进，那就是明轮。明轮是装有蹼板的巨大滚筒。与发动机相连的滚筒转动时，安装在滚筒上的蹼板就会发挥船桨的作用。蹼板以持续向前或向后转动的方式推动水流。明轮要么装在船尾，要么装在船体的侧面。同时，明轮外还会安装一个容器，也就是明轮罩。

推动明轮船前进的关键部件是什么？

明轮船既可以在海上航行，也可以用于河运。根据历史记载，中国人早在公元5世纪就发明了与明轮船极为相似的船。数学家、天文学家祖冲之就在新亭江（今南京市西南）上试航过这种船。

如今，世界上大多数明轮船都是作为观光船，游客们可以乘坐这样的船欣赏河流美景。

零部件

答案：明轮

推动明轮船前进的明轮安装在船舶两弦或船尾，其中一部分位于水中。由蒸汽机或现代柴油发动机带动水轮转动，从而推动船体前进或倒退。

桦树皮独木舟

造船时，人们一般先打造出船的龙骨，再围绕着龙骨制作外壳。可桦树皮独木舟的制造流程却恰好相反。

这种独木舟的外壳由桦树的树皮制成。制作时，人们要从树上剥下树皮，并且让树皮保持平铺状态。接下来，人们需要小心地将树皮缝在独木舟的舷缘上，要沿着独木舟侧面的边缘进行缝制。完成以上工作后，人们才会放进弧形船肋，撑起独木舟并最终定型。做好的独木舟非常轻巧，而且易于控制。有些独木舟很小，只能坐下一个人，但有些独木舟大到可以容纳 50 名桨手！

桦树皮独木舟的使用者主要是生活在北美洲温带地区的土著印第安人。然而，只要有桦树的地方，只要桦树能长到足够粗的程度，人们就能造出桦树皮独木舟。

制作独木舟用到了什么天然材料？

答案：桦树皮

早在3000年前，生活在北美洲的土著印第安人就开始使用桦树皮储存、烹饪并保存食物了。他们还用桦树皮制作渔猎工具、乐器、扇子，甚至做出了给孩子使用的雪橇和玩具。

而使用桦树皮制作独木舟，并且用桦树皮包裹棚屋，则是他们对桦树皮最为独特的使用方式。

人们从活着的桦树上取下树皮，这项工作一般要在春天或初夏完成，因为那时的桦树皮是最厚的。人们可以轻松地剥下成片的树皮，同时也不会伤害到树木。

一片桦树林。

零部件

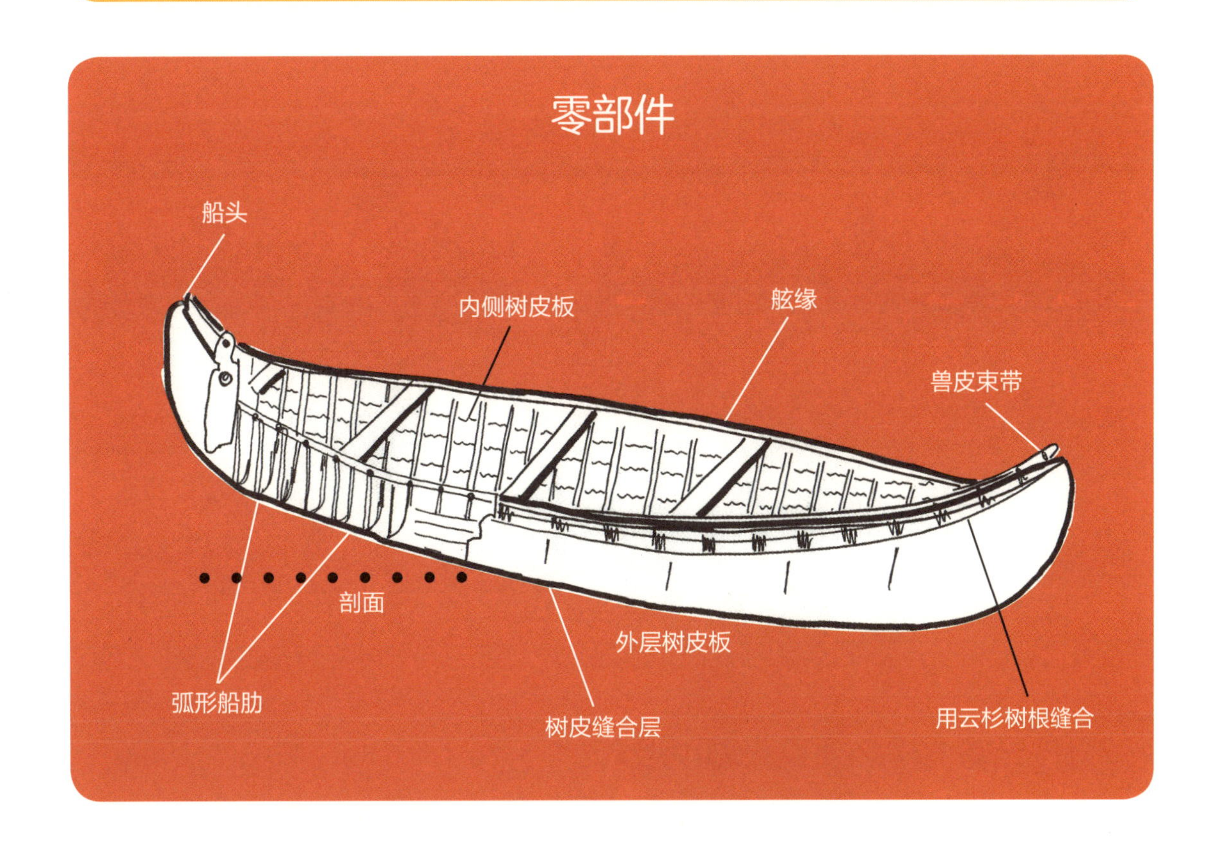

马拉无轮雪橇

马拉无轮雪橇是一种原始的雪橇。因为能减轻人们的劳动负担，所以这种雪橇算得上是一种简单的机械装置——使用这种雪橇所能移动的货物远比一个人肩扛手拿的要多。

最简单的无轮雪橇由两根或更多根被绑成三角形的长杆组成，三角形上绑着木质的平板或渔网。无轮雪橇放在地面上拖拽，三角形的尖角向前。

马拉无轮雪橇必须克服哪种阻力？

生活在北美平原的印第安人使用无轮雪橇在不同地点间运输物品。他们并不会特意制作无轮雪橇，他们会把一对支撑帐篷的杆子在马背后交叉，再在上面放一块平板。马可以同时拖拽帐篷杆和行李，这样做可谓一举两得。

尽管没有轮子，但无轮雪橇可以在轮子可能陷入地面或地面损坏的地方行进，如有着厚厚的积雪或灌木的地方，以及在林地中前进。

人们最初用绳索将无轮雪橇与狗连接在一起，后来拉动雪橇的变成了马。无轮雪橇也可以由人拉动。

答案：摩擦力

摩擦力是一种相互作用力，运动着的物体与其他物体表面发生接触时，就会导致物体运动速度变慢。摩擦力之所以存在，是因为不存在绝对光滑的表面。当两个表面相对滑动时，粗糙点就会有所接触。

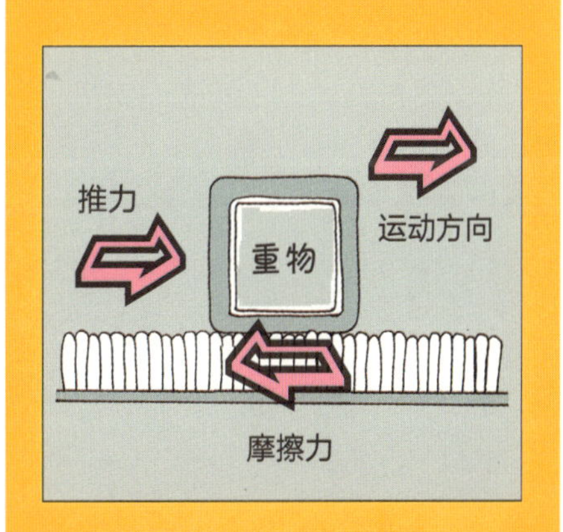

摩擦作用减慢物体运动速度的同时，也会导致物体温度升高。这在无轮雪橇经过雪地时尤为有用，因为温度上升的木头可以融化一些冰面，降低行进的难度。

轻型飞机

100 多年前，世界上还不存在自备动力的飞机。后来美国的莱特兄弟奥维尔·莱特和威尔伯·莱特“横空出世”，他们发明了一种自备动力、可以操控且高速运行的飞机。他们知道，机翼是飞机设计环节的重要组成部分，能给飞机提供升力的就是机翼。他们也需要螺旋桨，这样才能让飞机离开地面并向前行进。

哪个部件为早期的飞机提供动力？

如今，很多轻型飞机仍然以莱特兄弟当年的设计为基础。这样的飞机通常由私人所有者驾驶，他们能享受到驾驶自家小飞机的快乐。

飞机上其他有助于提高操控性的部分是升降舵，它能让机头抬高或降低，这样飞行员就可以使飞机下倾。而副翼可以让飞机倾斜和转弯。

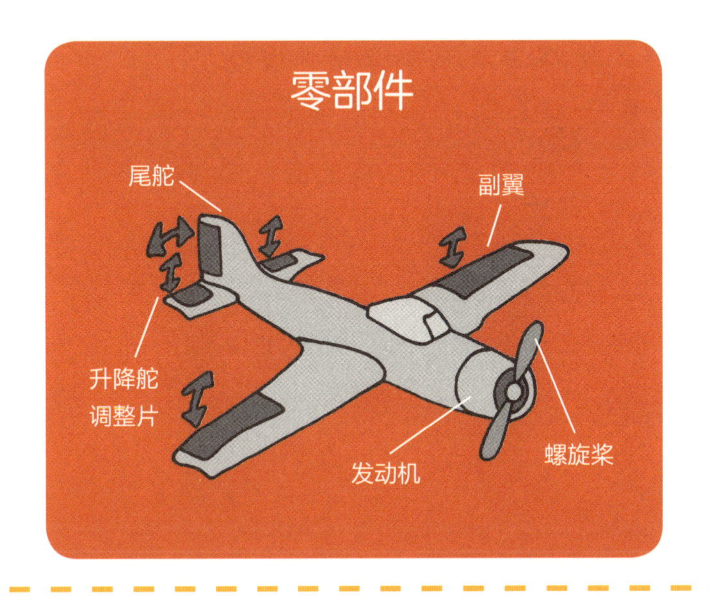

答案：螺旋桨

一般来说，小型飞机依靠螺旋桨提供动力。在喷气式发动机得到应用前，大多数飞机都是螺旋桨飞机。双叶螺旋桨就像两个又长又薄的翅膀一样，连在一起。

螺旋桨的桨叶呈弓形。螺旋桨一般通过连杆直接与发动机相连。发动机转动就会导致连杆转动，从而带动螺旋桨快速转动。

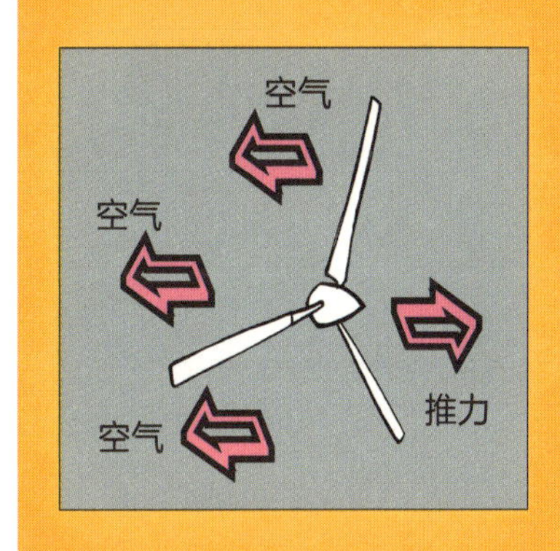

现代飞机的螺旋桨通常装有两个以上的桨叶。桨叶转动时会迫使空气向后运动，飞机因此被向前推动。这个向前的作用力就是推力。

内河货船

在北美大陆的河流中运输货物是一件难度不小的事情，因为这些河流大多水流湍急，浅滩处遍布坚硬锋利、可以将船底撕裂的岩石或冰块。其中一些河段还存在瀑布和激流，只能将船移到岸边才能保证安全。因此，想设计出一种既轻便又能克服所有障碍的船并不是一件容易的事，而内河货船就是当年的贸易公司交出的答案。

船员依靠什么将内河货船拖上岸？

这张老照片展示的就是船员在河床上如何卸下内河货船上的货物。

一艘内河货船顺流而下，可以在贸易站之间运输6吨重的动物毛皮及货物。内河货船由实心木制成，撞上河底的障碍物后能自然弹开。可是这种船的重量过沉，无法搬运，船员只能在灌木丛中开辟一条道路，将船放在滚轴上拖行。这自然是一项极其艰巨的任务，需要6到8人才能完成！

答案：动能

能量是指物体做功的能力大小。没有能量，世界上的一切都会陷入停滞。可以说，能量是一切的基础。世界上存在多种能量形式，如热量就是一种能量，但其中最重要的是势能和动能。一个物体之所以拥有势能，是因为它在未来运动时会释放能量。当物体真的开始运动时，就具有了动能。

球处于静止状态——但是具有势能

球开始移动了，势能转化为动能

内河货船的船员需要大量动能才能将船拖上河岸。

双轮马车

双轮马车是一种重量很轻的交通工具，早在3000多年前，在广袤的草原上，可能就已经有这种交通工具的踪影了。这里有成群的野马，人类驯服野马后，就将双轮马车变成了一种有效的狩猎工具。

战士乘坐能够快速移动的双轮马车参加战斗。驾驶员驾驭战马，在敌军中来去自如；而战士则使用弓箭、长矛和标枪，在这个移动平台上以迅雷之势攻击敌人。所以双轮马车也被称为战车。

双轮马车使用了哪种简单的机械装置？

零部件

双轮马车也可以用作竞速比赛。古代奥林匹克运动会中就包含战车比赛，而古罗马人也会举办战车比赛来娱乐大众。他们修建了巨大的马克西姆斯竞技场，可以容纳很多名观众观看战车比赛——而驾驭马车的一般都是年轻和年少的男孩，有时也有女孩参赛。战车比赛非常危险，因为马车很容易就会翻倒，尤其是在快速转弯时，而且马车之间也经常发生碰撞。

答案：轮子

轮子是一种简单的机械装置，它通过车轴与车辆连接在一起，能够有效减少车辆前进受到的阻力。轮子的中心有孔，一个控制杆（也就是车轴）从这个孔中穿过。

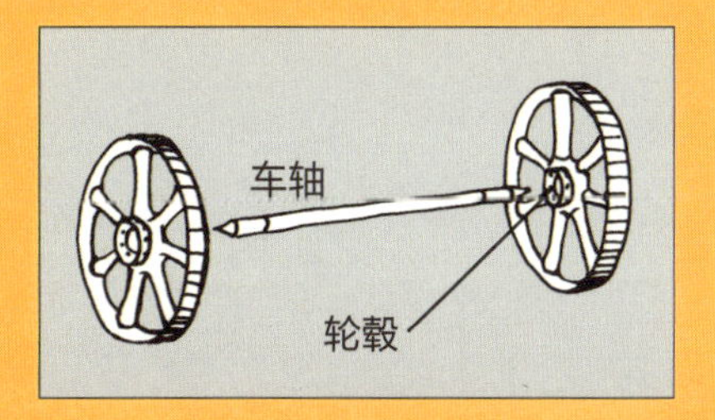

轮子与车轴同时转动。它们以“轴线”这条虚拟的线为轴心转动，轴线穿过轮毂的中心。

当两个轮子分别与车轴两端连在一起时，我们就能以这个简单的机械装置为基础做成一辆小车或其他交通工具了。

如今，世界上很多地方仍在流行类似于双轮马车的轻驾车比赛。

轿子

轿子是一种完全依靠人力的运输工具。小轿子上只能坐一个人，座位被固定在两根长杆上，轿夫负责抬起座位。轿子一般是个封闭空间，四周可以用帘子遮挡，坐在里面的乘客能在一定程度上获得保护，并拥有一些隐私空间。除了小轿子，还有大轿子；大轿子里有可能坐着皇室成员，轿子内部也装饰得富丽堂皇，可能需要十多个人才能抬动。

物体压向地面的作用力被称作什么？

在世界各地我们都能看到轿子的踪影，有些至今仍在使用。图中是朝鲜“贵族”乘坐的轿子，需要四个轿夫才能抬动，而且是全封闭的。

抬起轿子时，轿夫需要应对的是轿子和乘客同时施加的向下的作用力。这个作用力就是重力。

答案：重力

当轿夫抬起轿子时，他们强壮有力的手臂需要克服压在轿子上的一股向下的力，这个力就是重力。重力是地球的吸引力，能够阻止地面附近的一切物体——包括人类——脱离地球，飘向太空。

重力是引力的一个分力。两个物体之间的引力大小与两者之间的距离有关，也与物体的质量（物体所含物质的多少）有关。质量越大，引力对它们的作用就越强。引力对地表某物产生的吸引力，就是重力，衡量重力大小的单位是“牛顿”。

贸易商船

西班牙大帆船和武装商船都是最早一批既被设计为战舰，同时还能装载货物横跨大洋的大型船舶。这些船最早靠桨手划船行进，但很快演变成拥有高高的桅杆和巨大风帆的帆船。商船的船身和甲板主要由橡木等硬木制成，桅杆一般由松木打造。船身通常雕刻着精致的花纹。

船的哪部分可用于控制行进方向？

答案：舵

舵是从船尾伸出的一块扁平的木头或金属。可以用被称为“舵柄”的杆将其从一侧移到另一侧。这样的装置能让舵逆水流而动，帮助船转向不同的方向。

当舵向左边移动时，船就会朝右行驶。舵移向右边时，船会朝左行驶。

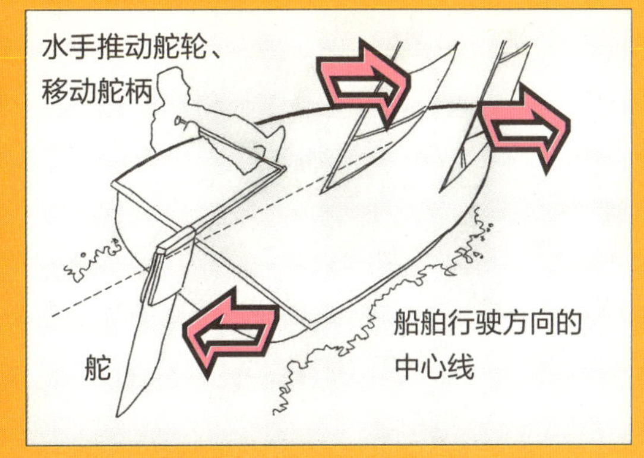

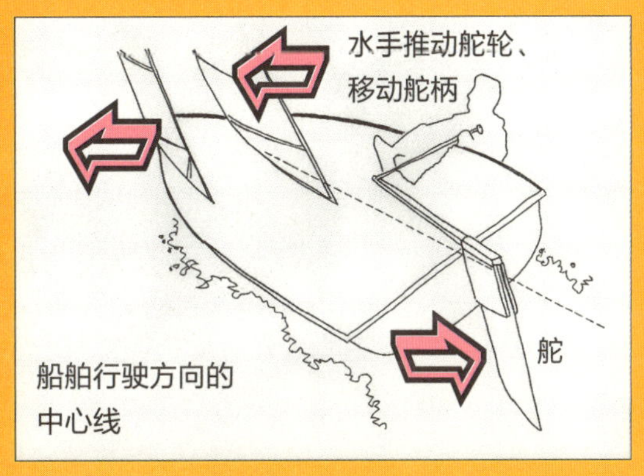

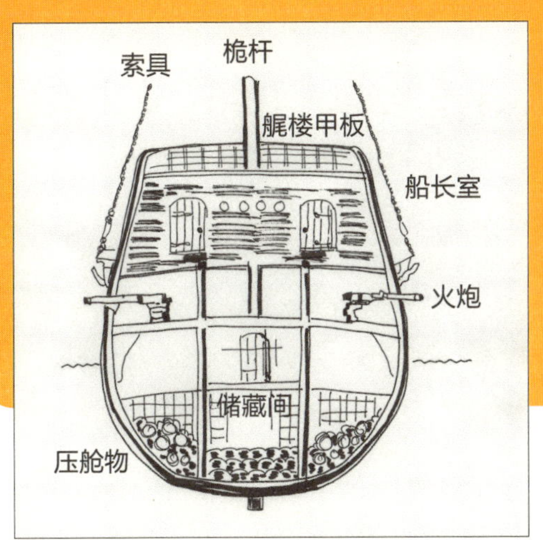

贸易商船最为突出的特点是船艉有一个方形的房间。船长在这里拥有属于自己的船长室，而可以眺望大海的艉楼甲板就位于船长室的正上方。

著名的航海探险家克里斯托弗·哥伦布就是驾驶圣玛利亚号武装商船航行于大海之中的。

汽车

汽车这个发明改变了世界。现在的我们很难想象一个没有汽车的世界，事实上，德国发明家卡尔·本茨在130多年前才成功研制了单缸汽油发动机。本茨设计出的第一辆汽车有三个轮子，随后才演变成四轮——全新的运输方式就此诞生。

哪一项重大发明推动了汽车的发展？

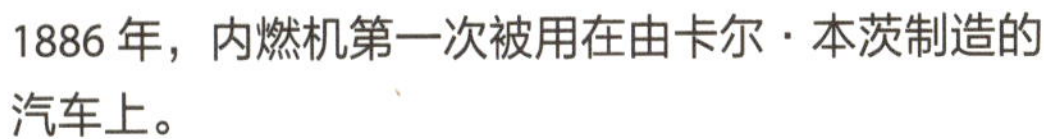

1886 年，内燃机第一次被用在由卡尔 · 本茨制造的汽车上。

在汽车发展的早期阶段，抛锚现象比比皆是，而且燃料也很稀缺，适合行车的高质量道路也很少见。与此同时，新的创意与设计不断发展，这导致推出仅一年的新车很快就会被淘汰。

然而，卡尔 · 本茨却在那时复制出更多自己设计的机器，并且向热爱汽车的公众出售自己的产品，这大概是世界上第一种被批量生产的交通工具。

答案：内燃机

内燃机中，活塞在吸入空气后还会挤压空气。被挤压的空气的温度变得极高。接下来，汽油喷射进来，与热气混合后燃烧。燃烧产生的动力推动活塞运动，活塞接着带动一根被称为曲轴的连杆运动。

以上过程反复进行。曲轴带动传动轴，而传动轴会带动轮子转动，汽车因此得以前行。

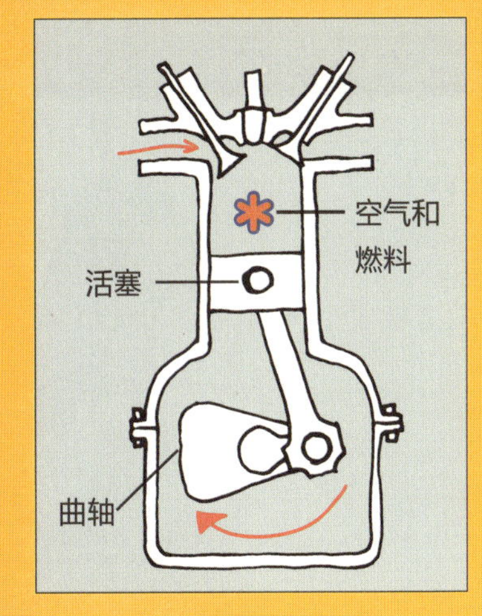

运河驳船

驳船如何上下坡?

大约200年前，位于欧洲各地的工厂生产出了越来越多的产品。为了向外输送产品，人们开始组织挖掘“运河”这种人工水道。

为了运输货物，人们也创造出了驳船这样的平底船。驳船极深地浸入水中，看上去就像快要沉没了一样。驳船一般由蒸汽提供动力，或者由走在运河河岸上的马拉动。在上下坡时，运河需要分级船闸抬高或降低驳船的高度。

答案：船闸

和道路一样，运河有时也要爬坡，可水并不能逆流而上，因此运河挖掘者们需要创造能将船只从一个水平位置抬高到另一个水平位置的“升降机”，而船闸就是实现这个目的的方法。

如果船只想进入更高的水面，它就会进入船闸。关闭船后的闸门，船闸里就会灌满水，当船被抬升到与下一船闸的水面同等高度时，位于前方的闸门就会打开，船只就可以进入下一个船闸。

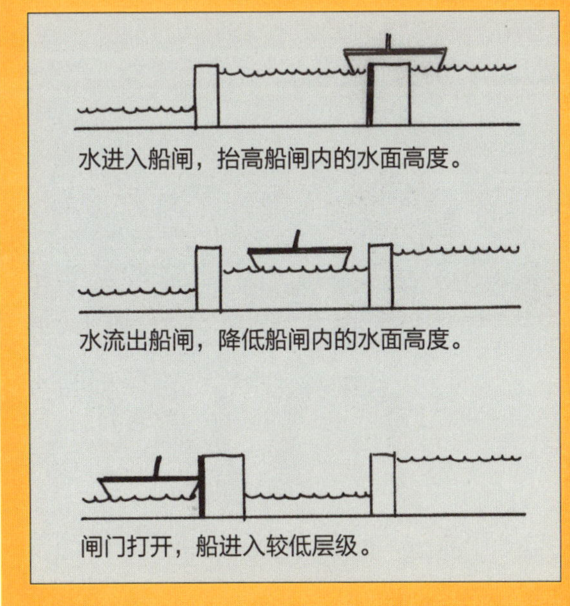

有些运河具有一系列船闸，船只被抬升或降低的高度可达数米。

马车

乡间旅行可能会持续几个小时，甚至长达数日。公共马车在位于小旅馆或马厩附近的上车点接送乘客，这样一来，车夫可以喂马，甚至在必要的时候更换马匹，乘客也能在小旅馆或马厩过夜。

马车的功率用什么来衡量？

公共马车。

在现代社会，我们可以乘坐汽车四处旅行。可在19世纪20年代到20世纪20年代的大约100年时间里，人们在一些城市只能乘坐“公共马车”——由马拉动的公共交通工具。

登上马车后，你和同行乘客可以选择坐在车厢里，或者坐在厢顶。乘客彼此面对面地坐在车厢或厢顶的木制板凳上。车夫高高地坐在车厢前方。

答案：马力

当科学家谈到“功率”时，指的是某物在单位时间内所能完成的工作量（也就是能做多少功）。功的单位是焦耳，功率就是单位时间内能够做多少焦耳的功。

交通工具的功率可以用“马力”来衡量。1公制马力相当于一匹马在1秒内将一个质量为75千克的物体移动1米所做的功。

科拉科尔小艇

渔夫扛起小船朝河流走去。他可能走上 10~15 千米也不会感到筋疲力尽，因为背上的小船是比较轻的。这种小船就是科拉科尔小艇。

科拉科尔小艇的历史已经有几千年了，我们甚至能在冰河时代的洞穴壁画中找到描绘这种小船的画像。科拉科尔小艇很可能是人类最早使用的一种水上交通工具。

现代的科拉科尔小艇也可以用竹子制成，内铺塑料薄膜。

是什么力使船能漂浮在水面上呢？

最初的科拉科尔小艇一般由柳木或梣木制成，木材弯曲成碗状，再覆盖上动物毛皮、厚棉布或帆布。随后小艇被浸入焦油中，使其具有防水性。事实上，一艘科拉科尔小艇只需一天就能做好！

现代的科拉科尔小艇一般使用柳木或榛木定型，或者使用防水帆布、玻璃钢这样的现代材料。玻璃钢被倾倒在模具上，固定成合适的形状。最后还可以涂上特制的油漆，继续增加船身的强度。

如今，科拉科尔小艇仍被英国人所喜爱，而印度、越南、伊拉克等国的人们仍把这种小船当作一种廉价而便捷的交通工具与捕鱼工具。在印度的一些地区，人们还会在这种小船上装满食物或商品，沿着河岸或者向其他经过的船只售卖。

答案：浮力

浮力是一种作用力，可以简单地理解为液体反向推动固体的力量。浮力能够决定一个物体在液体中究竟是下沉还是漂浮。

这个作用力可以理解为上推力。把一个物体放进液体中时，物体会推走一部分液体，或者说让一部分液体移位。上推力等于被移位液体的重量。

如果物体的重量小于等于上推力，物体就能漂浮在水面上。

科拉科尔小艇并不是非常安全，因为重量很轻，所以这种小船只是浮在水面上，而没有浸入水中。也就是说，这种小船容易受到水流和风力的影响而偏离航线，因此操控的时候一定要小心谨慎。

术语表

玻璃钢

玻璃钢是用玻璃纤维及织物增强的塑料。质轻而硬，不导电，机械强度高，耐腐蚀。玻璃钢可以制成船身或其他轻质的交通工具。

船闸

船闸是运河系统中帮助船只上下坡的机械装置。

动能

动能是物体由于机械运动而具有的能量。

舵

舵一般位于船尾，作用类似于船桨，用于控制船的行驶方向。

分子

分子是物质中能够独立存在并保持本物质一切化学性质的最小微粒，由原子组成。

浮力

浮力是物体在流体中受到的向上托的力。浮力的大小等于被物体所排开的流体的重量。

空气动力学

空气动力学描述了物体在空气中运动的方式。

流线型

流线型是指前圆后尖，表面光滑，略像水滴的形状。具有这种形状的物体在流体中运动时所受阻力最小。

马力

马力是功率的非法定计量单位。在标准重力加速度下，每秒钟把 75 千克的物体提高 1 米所做的功就是 1 马力。

摩擦力

摩擦力是指两个相互接触的物体，当有相对运动或有相对运动趋势时，在接触面上产生的阻碍运动的作用力。

能量

能量是指物体做功的能力大小，可分为动能、势能、热能、电能、光能、化学能、核能等。一种能量形式可以转换为另一种能量形式。

牛顿

牛顿（符号为N）是衡量力的大小的国际单位。

气缸

气缸是发动机的组成部分。气缸呈圆筒状，里面有一个可以上下运动的活塞。

势能

势能是相互作用的物体由于所处的位置或弹性形变等而具有的能量。

压缩

压缩意味着挤压，或者让某物变得更小。有些物质被压缩时会产生能量，在恢复原状时就会释放出来。

蒸汽机

蒸汽机是由蒸汽提供动力的发动机。蒸汽的力量可以推动气缸中的活塞，活塞的前后运动可以驱动交通工具的车轮。

重心

物体内各点所受的重力产生合力，这个合力的作用点叫作这个物体的重心。

阻力

阻力是一种妨碍物体运动的作用力。

涂一涂画一画

运转的秘密

探索宇宙的大家伙

[英] 格里·贝利（Gerry Bailey） 著
[英] 伊拉鲁（Iralu） 绘
傅婧瑛 译

宇宙的奥妙是如此让人痴迷与向往，我们的星球、其他神秘的星球以及遥不可及的深空都在等待着我们去探索，而通过破冰船、月球探险车、空间探测器、火星车、火箭等大家伙的帮助，我们离宇宙更近了一步。

本书从物理和工程的角度对隐藏在这些机器背后的科学原理和工程特点做了介绍，向读者展示了它们在工作中的用途及自身运转的奥秘和原理，以充分激发读者对科学原理的兴趣与探索，培养和提升他们的科学素养和科学思维。本书适合青少年自主阅读和低年龄段的亲子共读。

图书在版编目（CIP）数据

运转的秘密. 1，探索宇宙的大家伙 /（英）格里・贝利（Gerry Bailey）著；傅婧瑛译. — 北京：机械工业出版社，2021.11（2024.6重印）
书名原文：SCIENCE IN ACTION: Explore
ISBN 978-7-111-69201-0

Ⅰ. ①运… Ⅱ. ①格… ②傅… Ⅲ. ①科学知识-少儿读物 Ⅳ. ①Z228.1

中国版本图书馆CIP数据核字（2021）第193655号

机械工业出版社（北京市百万庄大街22号 邮政编码100037）
策划编辑：卢婉冬 责任编辑：卢婉冬
责任校对：张 力 责任印制：常天培
北京宝隆世纪印刷有限公司印刷

2024年6月第1版・第2次印刷
184mm × 260mm・3印张・35千字
标准书号：ISBN 978-7-111-69201-0
定价：199.00元（共7册）

电话服务
客服电话：010-88361066
010-88379833
010-68326294
封底无防伪标均为盗版

网络服务
机 工 官 网：www.cmpbook.com
机 工 官 博：weibo.com/cmp1952
金 书 网：www.golden-book.com
机工教育服务网：www.cmpedu.com

写在前面的话

越想探索我们的星球及浩瀚的宇宙，我们就越有冒险精神，也就越需要神奇机器的帮助。这些机器必须非常先进、非常强大，能够长距离行驶，能够应对复杂的环境，甚至还要能够在没有人类操作的情况下拍摄照片、收集数据和样本。

这样的机器可以在陆地、海洋或者天空中工作。它们可能只装得下一个人，也可能装得下整个团队。它们的动力来自某种形式的能量，既可以是电能，也可以是由类似石油一样的化石燃料提供的化学能。

现在，让我们去了解这些经过巧妙设计、能帮助我们探索地球及宇宙的大家伙吧！当然，它们背后的科学知识同样精彩。

目录

沼泽车

是哪种力帮助沼泽车在沼泽地前进？

沼泽地满是各种植物、充满黏稠的泥土和水。想在沼泽地里行进，一个好方法是乘坐沼泽车。沼泽车使用带有桨状胎面的大轮胎或包裹在轮胎周围的履带。这让沼泽车在湿滑条件下依然拥有出色的抓地力。

答案：抓地力

抓地力描述的是一个物体附着于地面的能力。粗糙的表面可使物体具有较强的抓地力。若想在湿滑的表面上行进，需要提高物体的抓地力。

我们可以通过增加接触表面的粗糙程度来实现以上目的。宽大的履带上装有嵌钉，使得表面更加粗糙，因此在沼泽地能获得更强的抓地力。

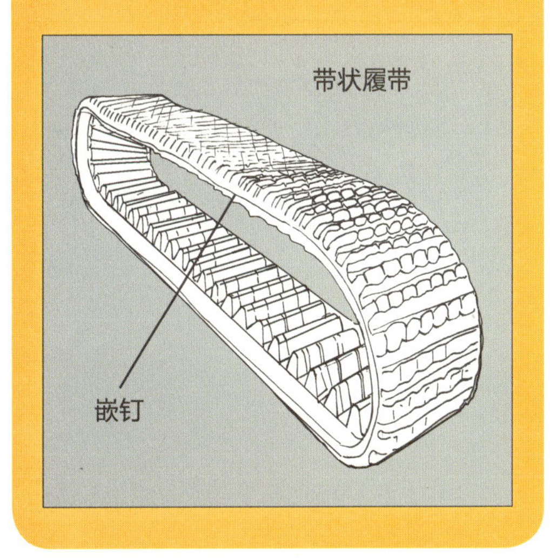

越野吉普车

非洲广袤的野生动物保护区是诸如角马、狮子和犀牛等动物的家园。想去那里探索野生动物，越野吉普车无疑是最佳的选择。它是专门针对草地和平原设计的，但是它的越野性能，使它在应对干涸的河床与多石的峡谷地带时也游刃有余。

越野吉普车属于四轮驱动，也就是说，四个轮子都与发动机连接在一起。这种设计使四个轮子都被驱动，从而提高了汽车在粗糙路面上的抓地力。同时，越野吉普车的悬挂系统配备了更大的弹簧，有助于减轻颠簸感，提高乘客的舒适度。

答案：弹簧

弹簧一般呈螺旋状。无论被拉伸还是被压缩，都会使弹簧产生相反方向的作用力。这是因为弹簧想要恢复到原始状态。

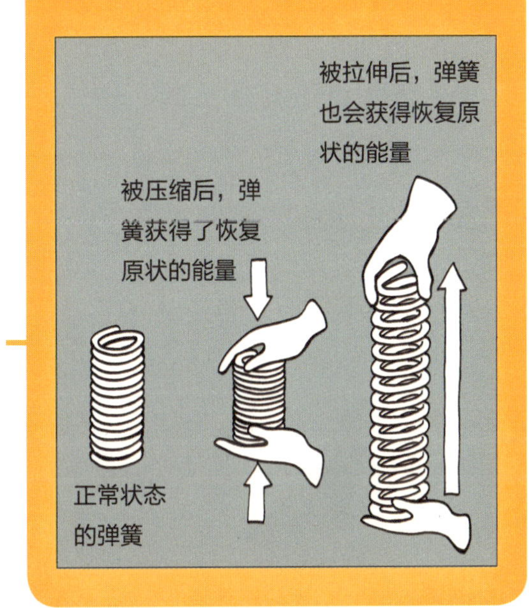

座位上方的防滚架强化了对乘客的保护。车上还会配备安全装备，如斧头、铲子和急救箱。当然，带一些水也是很有必要的。

雪地履带车

我们可以乘坐这种车探索地球两极地区的贫瘠冰原，或者在任何覆盖着冰雪的地面上行进，这就是雪地履带车。雪地履带车依靠履带行进，履带就是在一系列轮子外面包裹的材料。这些轮子带有“尖牙”，也就是轮齿，刚好能插进履带上的孔中。轮子转动时，就会带动外面的履带一起转动。履带非常坚硬，一般由金属制成，但特种履带是用凯夫拉纤维制成的。而轮子一般由橡胶制成。

雪地履带车依靠什么作用力防止打滑？

雪地履带车的另一个突出作用，就是用来在滑雪比赛前制造滑雪坡。滑雪运动员需要一个平滑的坡道，才能达到最快的速度。如果赛道上存在任何可能导致碰撞的障碍，运动员可能会被绊倒，或者速度被减慢。

答案：摩擦力

摩擦力是一种相互作用力，运动着的物体与其他物体表面发生接触时，就会导致物体运动速度变慢。摩擦力之所以存在，是因为不存在绝对光滑的表面。当两个表面相对滑动时，粗糙点就会有所接触。

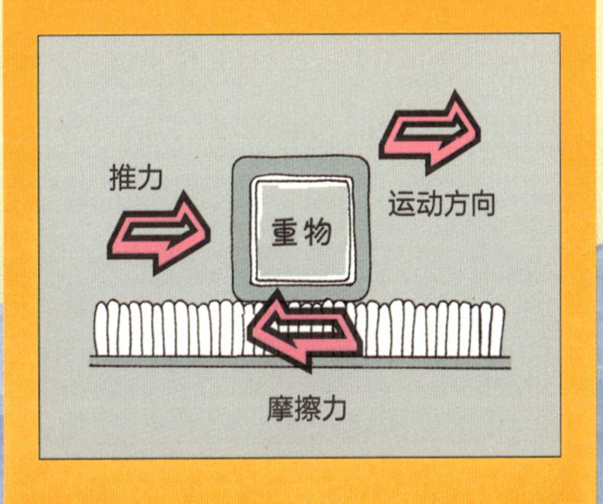

雪地履带车在雪地上移动时，履带起到了关键作用。这些履带表面并不平坦，而是布满凸起，以此制造出更粗糙的表面。而越粗糙的表面产生的摩擦力越大，可以让车辆拥有更强的抓地力。

极地车

极地车是专门设计成可在北极和南极等冰雪环境中运行的交通工具。极地车既可以小到只供一人使用，如前段为滑雪板、尾部使用履带增加抓地力的雪地摩托车；也可以大到像大型巴士一样，比如冰原雪地车。

冰原雪地车通过调整什么来实现在冰雪上行进？

冰原雪地车拥有巨大的轮胎，但轮胎中的气压却非常低，这给了它在冰原及冰川上行进所需的抓地力。冰原雪地车设计为三个车轴、六个车轮，而且是全轮驱动。也就是说，发动机与每个车轮都连接在一起。

雪地摩托车可以在普通汽车或卡车无法通行的区域内行驶。人们使用雪地摩托车去探索南极大陆。

答案：轮胎气压

空气被注入普通汽车轮胎时需要达到一定的压强——通常约为2.5巴。1千克物体作用在1平方厘米的表面产生的压强就是1巴，气压记录了空气对轮胎内壁产生的推力。

冰原雪地车的大型轮胎内气压较低，一般只有2.0巴；要是雪比较厚的时候，这个数值会更低。低压意味着会有更多胎面接触地面，这就是“接地面积”。接地面积越大，意味着轮胎就越松软，在光滑表面上的抓地力就越强。

气压过低则轮胎接地面积更大

合适的气压意味着轮胎与地面贴合牢固

气压过高则轮胎接地面积更小

破冰船

在极地地区，特别是冬天，大部分海面会被冰层覆盖。在过去，即便是经过专门加固的船也难以在这样的海面上航行。但破冰船的出现改变了这一切。

破冰船拥有楔形船头，船身整体均得到了加固。破冰船特殊的船身形状，能将冰块引导到船身两侧或下方。这种设计可以避免冰块在船头堆积，不会减慢船的航行速度。破冰船还配有功率强大的发动机，可以让船体突破海冰的阻挡。

破冰船的船头设计属于哪种简单的机械装置？

答案：楔子

楔子是一种简单的机械装置，我们可以推动楔子来分割其他物体。剪刀的两个刀片就是楔子，当这两个刀片在纸片上紧紧贴合在一起时，剪刀就能剪开纸片。这就是切割。

斧头、刀和锯子都是楔子。破冰船尖锐的船头就像一个楔子，可以在冰块中开拓出一条航线。

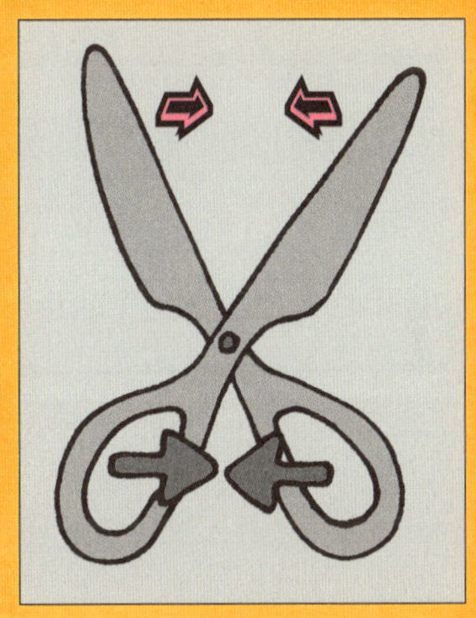

如今，大部分破冰船被用在冰原上为商船护航，保障贸易航线畅通无阻。其余的则被用于北极和南极地区的科学考察。

石油钻井平台

我们有时会在地球表面之下进行探索活动。有些时候，这种探索活动的目的，是寻找可用来燃烧的化石燃料，如煤炭、石油和天然气。这些物质之所以被称为化石燃料，是因为它们从大约3亿年前就开始形成了。植物和动物死亡后，它们会慢慢腐败，随后被埋入土中。经过几百万年，它们就变成了石油、煤炭和天然气。

我们需要钻井平台，才能将石油和天然气从地球深处提取出来。这个巨大的平台可以支撑钻头工作——钻头是一个巨大的螺旋状机械，可以不断向地下挖掘，直到抵达自然资源存在的地方。如果成功探测到，我们就能将黏稠的黑色液体抽到地表，送到炼油厂。在炼油厂里，我们可以将原油制成不同的产品，如汽油和塑料。

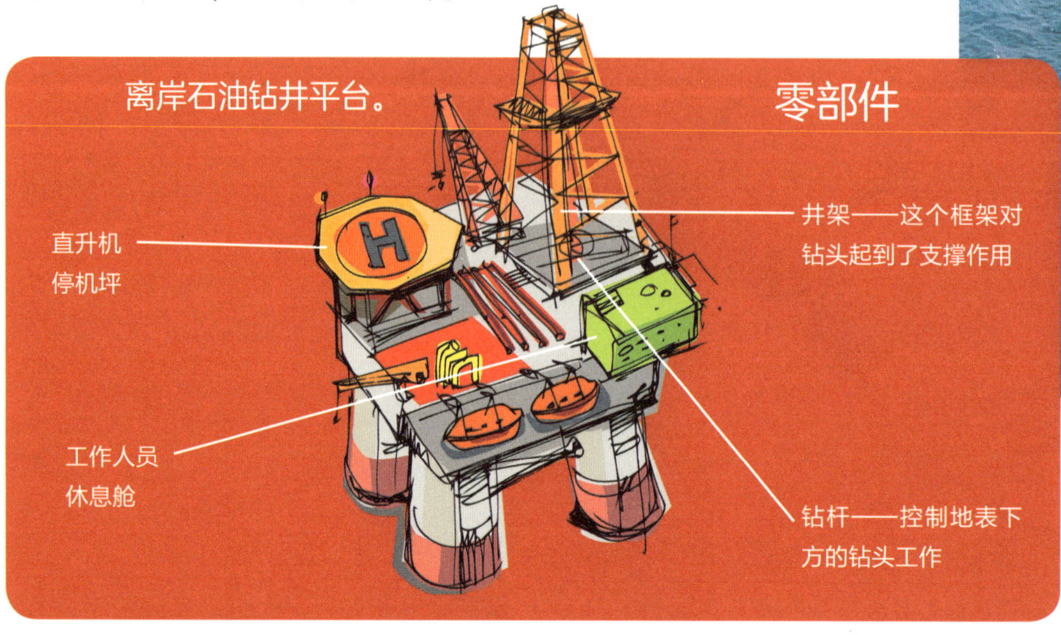

石油钻井平台用到了哪种简单的机械装置？

答案：螺旋

螺旋是一种简单的机械装置。有几种最基本的机械装置能够改变作用力的大小或方向，可以帮助我们工作。实际上，螺旋将其中两种结合在了一起：楔子和斜面。

螺旋的一圈圈锋利的刃口就是一个楔子。钻头的尖头可以切割土壤与岩石。

螺旋的旋转边缘是一个斜面。这种设计可以将钻取出来的物质向上输送到地面。

超声速飞机

莱特兄弟驾驶的第一架飞机，时速大约只有10千米。随着时间的推移，飞机的速度越来越快，甚至快到了与声速接近的程度，也就是每小时1236千米。

1947年，一个名叫查尔斯·耶格尔的飞行员终于驾驶飞机突破了声速，这就是打破声障，或者说实现了超声速飞行。

F-22“猛禽”战斗机超声速飞行。

当飞机打破声障时，我们会听到什么声音？

世界上第一架超声速客机——协和式客机，于1976年投入使用。只需要普通客机一半左右的时间，协和式客机就能跨越大西洋。但有些人提出抗议，认为声爆的声音会给地面的人带来困扰。声爆是飞机以声速运动时发出的声音。目前，世界上没有正在使用的超声速客机。

答案：声爆

飞机超声速飞行时，气压就会增加。这是因为空气分子，也就是空气的细小颗粒，会被强大的作用力推向飞机周围。它们在飞机前方形成了圆锥形的冲击波。气压释放时，就会发出爆炸一样的声音。

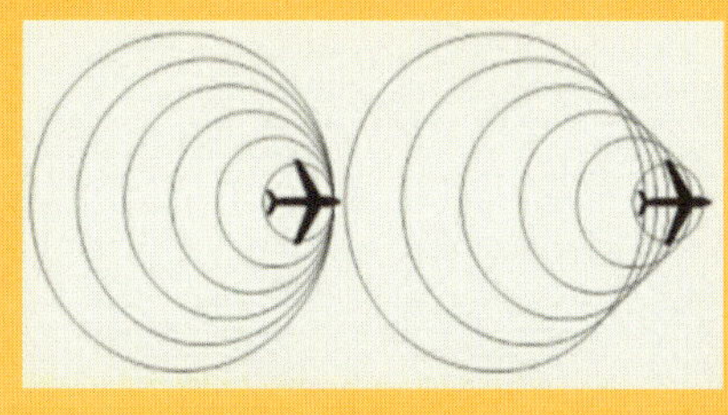

以声速飞行时，气压波刚好被压缩到飞机前方

飞行速度超过声速时，会出现圆锥形的冲击波，飞机穿过冲击波就会引发声爆

飞行中的协和式客机

火箭

五、四、三、二、一——升空啦！一枚火箭直冲天际，飞向太空。实际上，火箭在历史上早就存在了，中国人在大约1000年前就发明了这种东西。最早的火箭使用的是固体燃料。到了1926年，罗伯特·戈达德发射了第一枚由液体燃料提供动力的火箭。

现代火箭一般为三级火箭。这些火箭配有众多燃料箱和氧化剂箱，为太空之旅配备足够的燃料。当第一级燃料用尽后，这一级会与火箭脱离，第二级开始为火箭提供动力。“土星5号”这个三级火箭曾成功将第一个航天员送上月球表面。

什么力让火箭升空？

答案：反冲力

火箭发动机可以燃烧类似液氢一类的液体燃料。这些燃料燃烧时会产生高温高压的气体，这些气体通过发动机尾部的喷嘴排出，从而产生巨大的反冲力。

排出气体后，火箭就会被推动，向上运动。

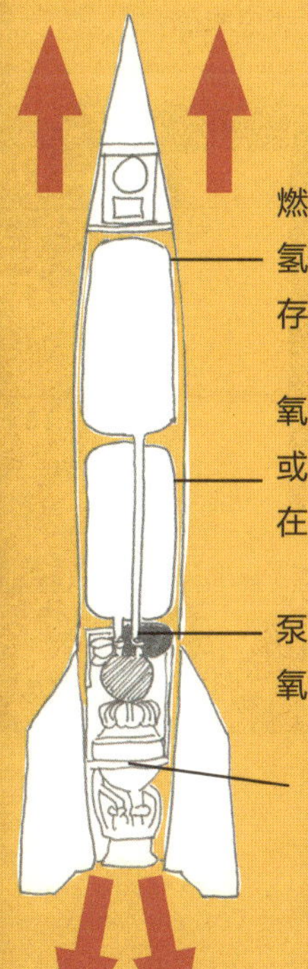

高速气体从喷嘴离开时产生的作用力推动火箭上升

安装在火箭下方的喷嘴，气体从这里排出。

月球探险车

凭借形状奇特的轮子，它得以在月球表面的不毛之地上行进，这就是月球探险车，或者简称为月球车。

月球车运行靠什么提供能量？

月球表面的月球车。

人们设计出月球车，用于帮助航天员征服月球表面的复杂地形，如冰隙和陡峭的斜坡，也能在行进途中绕过巨石。航天员可以将在月球表面收集到的尘土和岩石样本放在月球车上，带回宇宙飞船。在月球表面，月球车可装载490千克的物品。

月球车的动力来自电动机，每个车轮都会配备这样一个动力装置。电池提供了电力。月球车在月球上的最快速度能达到每小时十几千米。

答案：电池

电能是一种可以储存的能量形式。我们可以把电能储存在电池中，需要时再使用。比方说，打开手电筒开关时，电流就会从电池中流出，经过并点亮手电筒里的灯泡，再流回电池。

普通干电池通常有一个金属锌做的外壳；内部有一根碳棒，电池两端的固体是正极和负极；中间是可以导电的化学液体或黏稠物，这些被称为电解质。接通电路时，电子就会从电池的负极经过电动机流向正极，形成电流（电流运动方向与电子运动方向相反）。

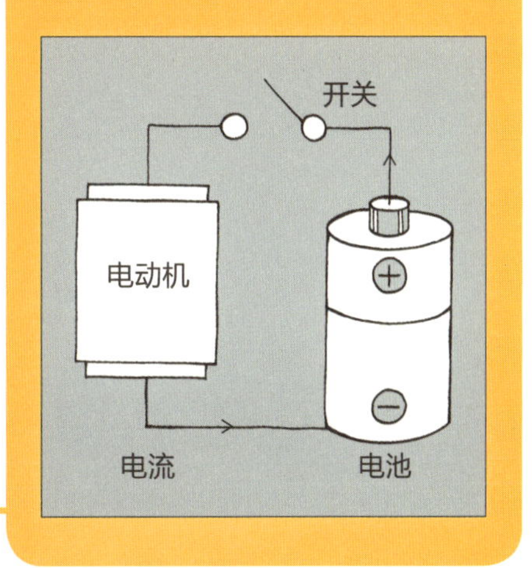

间谍卫星

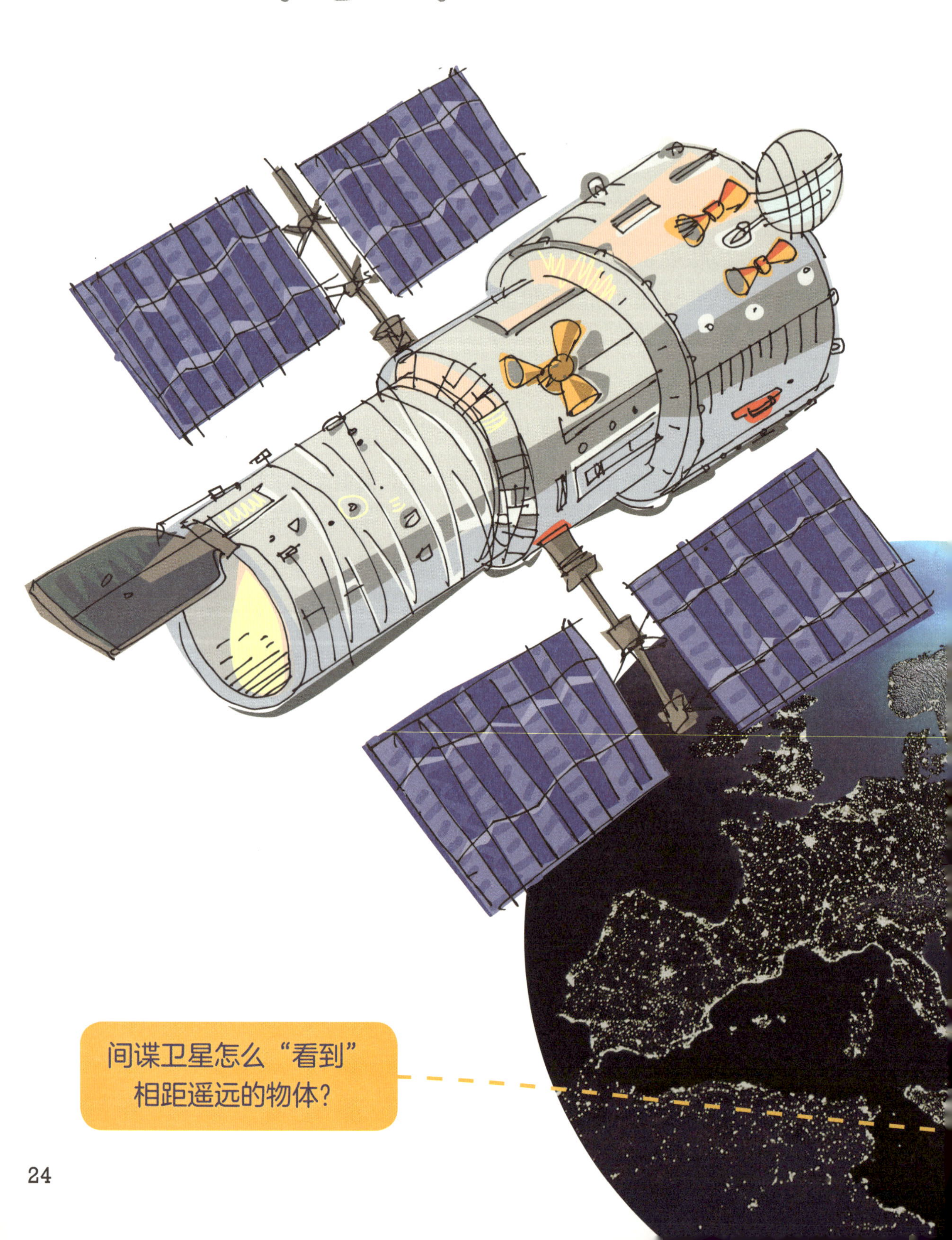

间谍卫星怎么“看到”
相距遥远的物体？

卫星有很多用途：可以帮助我们预测天气，可以为汽车导航，也可以成为手机的中继站。卫星还有一种更神秘的用途：它们可以成为军队的间谍，起到收集情报的作用。

想侦查一个人、甚至一个国家，我们就得依靠间谍卫星，即便卫星与目标相距遥远也不是问题。事实上，间谍卫星可以拍下地球表面只有几厘米大小的物体。但卫星必须透过风、水蒸气和不同温度环境进行拍摄，这有可能导致照片变得异常模糊。然而，某些拥有高分辨率和高放大倍率的强大的间谍卫星，甚至能在太空中看清地面街道上张贴的海报上的字。

间谍卫星通常使用反射望远镜捕捉物体的影像。反射望远镜使用反射镜，能够获得比使用透镜的折射望远镜更清晰的影像。

答案：望远镜

反射望远镜使用反射镜收集光线，通常有主镜和副镜。主镜位于望远镜筒的底部。这是一个凹形镜面，看上去就像一个碗。主镜收集可见光，并将光线反射到望远镜筒内的副镜，副镜再将光线反射到目镜——也就是我们能够清晰地看到图像的地方。

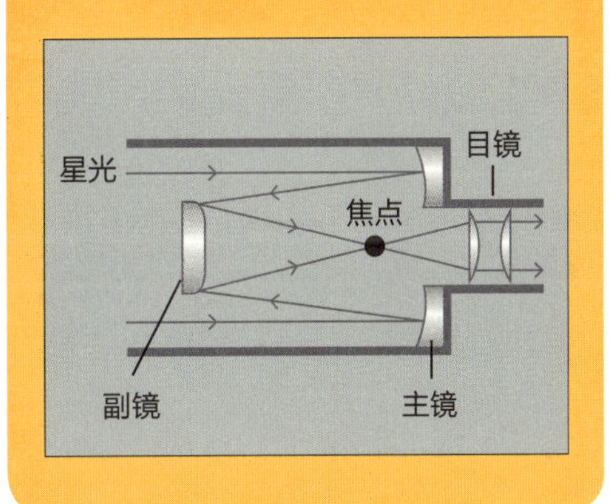

国际空间站

月朗星稀的夜晚，我们有机会能看到一个在天空中移动的亮点。这就是国际空间站（ISS）。这个空间站在距离我们大约400千米的太空中围绕地球旋转。

由于移动速度非常快——每秒约7.71千米，国际空间站完成一次绕地飞行大约只需要90分钟。

离开国际空间站进行太空行走时，你要穿什么？

工作人员在一次太空行走中对国际空间站进行修复。

进入太空的人们在国际空间站中工作生活。自2000年首批航天员登上国际空间站开始，这里便一直有人生活。国际空间站为人类探索不同于地球的世界创造了重要机会。科学家们利用在这里工作生活的时间开发出新的技术，进行了很多在地球上无法进行的试验。

国际空间站还承担起了空间天文台的角色。因为远在大气层外部（我们的大气层经常被污染），国际空间站可以对地球、太阳系其他行星和遥远的恒星进行观测，并为它们拍下清晰的照片。我们也能在这里追踪天气状况，提前对恶劣的天气发出预警。

答案：太空服

航天员在国际空间站外工作时，会穿上具有防护作用的太空服。穿上特制的内衣后，他们会穿上一件垫层服，这件衣服里含有装冷水的小管子，可以降低身体的温度。航天员随后再穿上分为两部分的外层防护服，这两部分会被固定在一起。

太空服的上半部分带有背包和控制模块

背包可以为航天员提供呼吸所需的氧气，同时还能排出二氧化碳和水

头盔内含有一个用于通信的无线电设备

头盔可以保护航天员免受太阳光和其他有害射线的伤害

航天员会戴上灵活的手套

显示器和控制模块相当于一个迷你工作站

坚硬的靴子

通信卫星

在人类将卫星发射到太空之前，我们也需要在地球的不同点之间中转无线电或电话信号。那时我们需要大量中继站。

如今，通信卫星可以让人们在更远距离内转接电话信号或其他数据。

通信卫星在地球同步轨道上运行。也就是说，它们围绕地球、沿着圆形轨道运行，同时与地球自转速度保持一致。由于这种卫星与我们一同运动，所以它们在天空的位置就会保持不变。因为通信卫星始终朝同一个方向发射信号，所以我们也更容易捕捉来自通信卫星的信号。

通信卫星的用途非常广泛，你知道它还有哪些专业用途？

1960年，世界上第一颗人造通信卫星由美国国家航空航天局发射。这个被称作回声1号（Echo 1）的卫星只是一个大气球，有着闪亮的表面，可以反射无线电、电话和电视信号。1975年，卫星通信1号（Satcom 1）被发射上天。这颗卫星拥有众多用途，如可以为我们提供卫星电视信号。

答案：导航定位

通信卫星还有一个专业用途就是导航定位。卫星定位系统指的是三颗或更多卫星一起合作，用作导航的系统。换句话说，这是一个能告诉我们在地球上所在位置的系统。卫星定位系统包括北斗卫星导航系统（BDS）和全球定位系统（GPS）等。

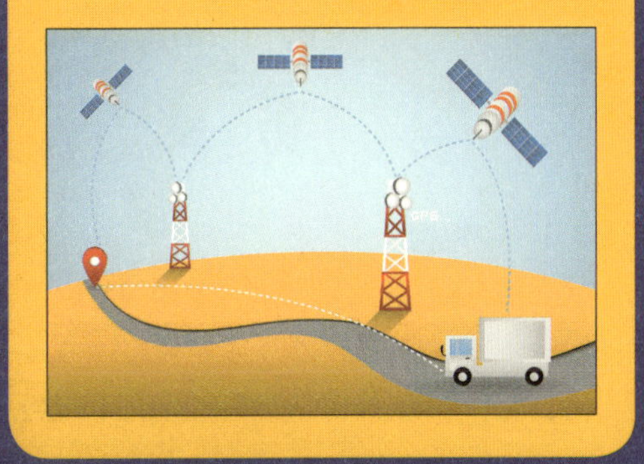

空间探测器

火箭的出现与发展让我们得以用前所未有的方式探索太空。卫星上装配的望远镜，可以在不受地球大气层干扰的情况下拍摄太空的照片。

很多空间探测器，如美国国家航空航天局发射的卡西尼-惠更斯号（Cassini-Huygens），能在太空中飞行很远的距离，还能降落在其他星球上。卡西尼号可以“看到”人类肉眼看不到的光线。它携带的设备可以“感觉到”电磁波。探测器上配有照相机、无线电和雷达设备，其主要任务是探索土星及其卫星。

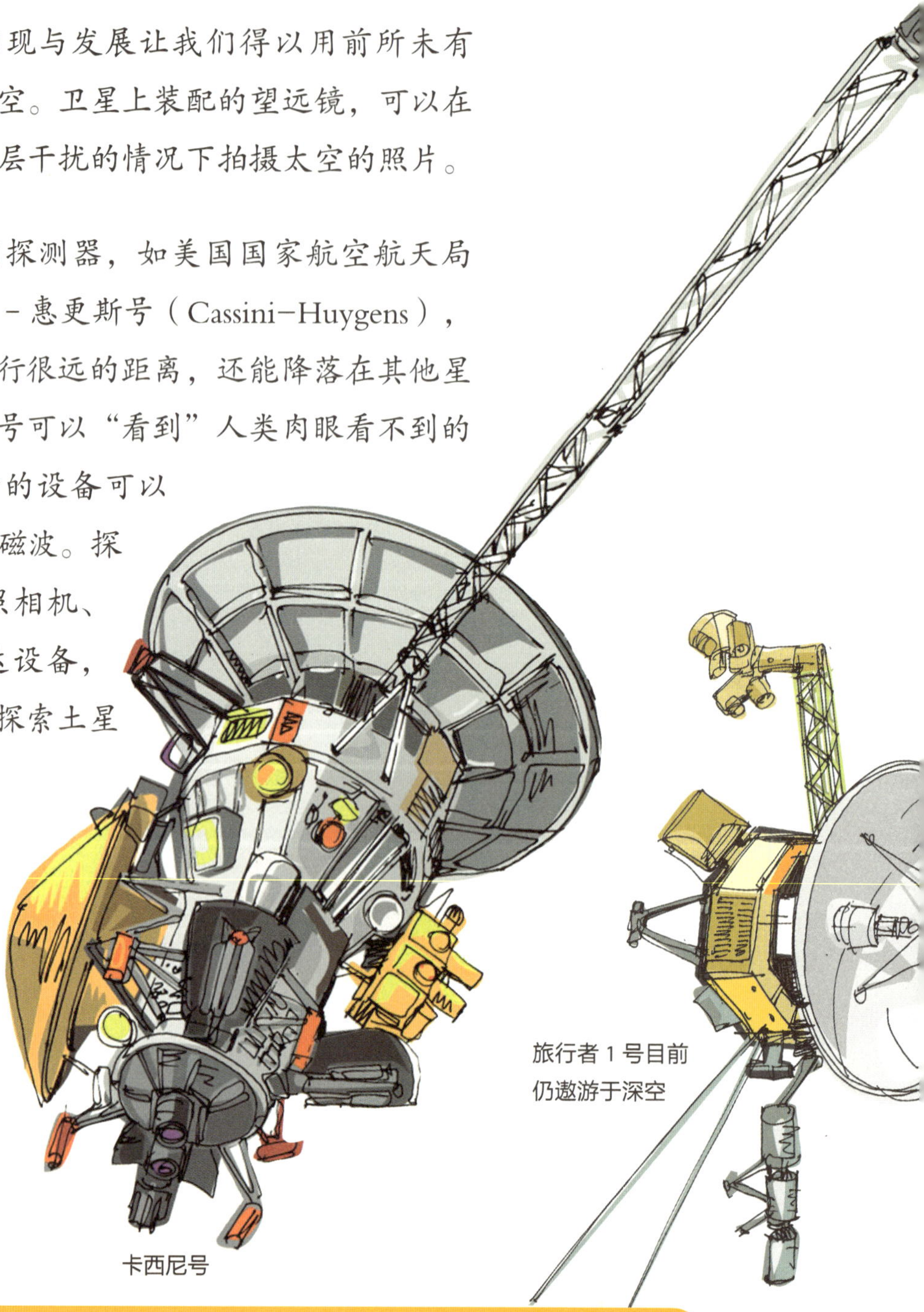

旅行者 1 号目前仍遨游于深空

卡西尼号

空间探测器围绕遥远的行星运行时，需要借助什么力？

伽利略号木星探测器

空间探测器正在变得越来越先进。飞过矮行星冥王星的新视野号发回了过去的任何探测器都无法收集到的大量数据。

2015年，新视野号飞掠冥王星

自1977年发射后，旅行者1号和2号即便已经离开八大行星范围，飞向遥远的星际空间，但至今仍能向地球发回数据。我们还可以用空间探测器发射无人探测车，如成功降落于火星表面的好奇号火星车。

答案：引力

引力是将物体彼此拉近的一种力。引力的大小取决于物体的质量与彼此间的距离。所有星球之间均存在引力。地球引力对其他物体会形成“回拉”效果，所以说，如果我们想跳离地球，地球的引力就会把我们拉回来。

探测器通常围绕遥远的行星旋转，被那个行星的引力所吸引而停留在那片区域。凭借“当地”的引力，探测器可以围绕行星或其卫星完成轨道运动。探测器还可以依靠自身携带的推进器重新进入太空。

火星车

这个叫作“好奇号”的探测器在火星表面着陆，发送回来的数据激发了世界各地科学家们的好奇心。好奇号是一个远程遥控漫游车，它降落在火星上是一个了不起的壮举。为此，科学家必须要考虑火星大气层的密度，还要考虑火星车的重量。

火星车上配备的降落伞，由聚酯纤维和尼龙这两种轻质、但强度极高的材料混合制作而成。可由于火星表面的平均气压很低（不到地球的 1%），只靠降落伞还不能让火星车完全减速。所以我们需要使用制动火箭，让航天器停在距离火星表面 10~15 米的地方。这时再释放降落伞，外层包裹着保护性气囊的火星车才会降落在火星表面。

是什么让好奇号平稳降落于火星?

好奇号每小时最多可以行驶90米，它可以翻越75米高的岩石。它的任务是分析从巨大的岩层中采集的土壤和岩石样本。好奇号上装配了一个实验室，来进行样本分析。科学家希望通过好奇号来了解火星过去的环境状态，并且寻找任何可能意味着生命存在的化学物质。

答案：降落伞

我们使用降落伞增加阻力。阻力是一种摩擦力，可以对在空气或水中运动的物体施加与其运动方向相反的作用力。也就是说，阻力可以减慢降落伞向下运动的速度。

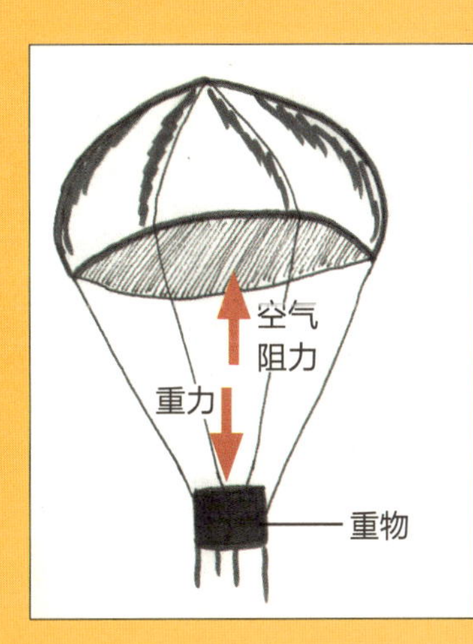

有了降落伞，被“困在”伞面下的空气会形成一股向上的推力，从而与向下拉动物体的重力相抗衡。

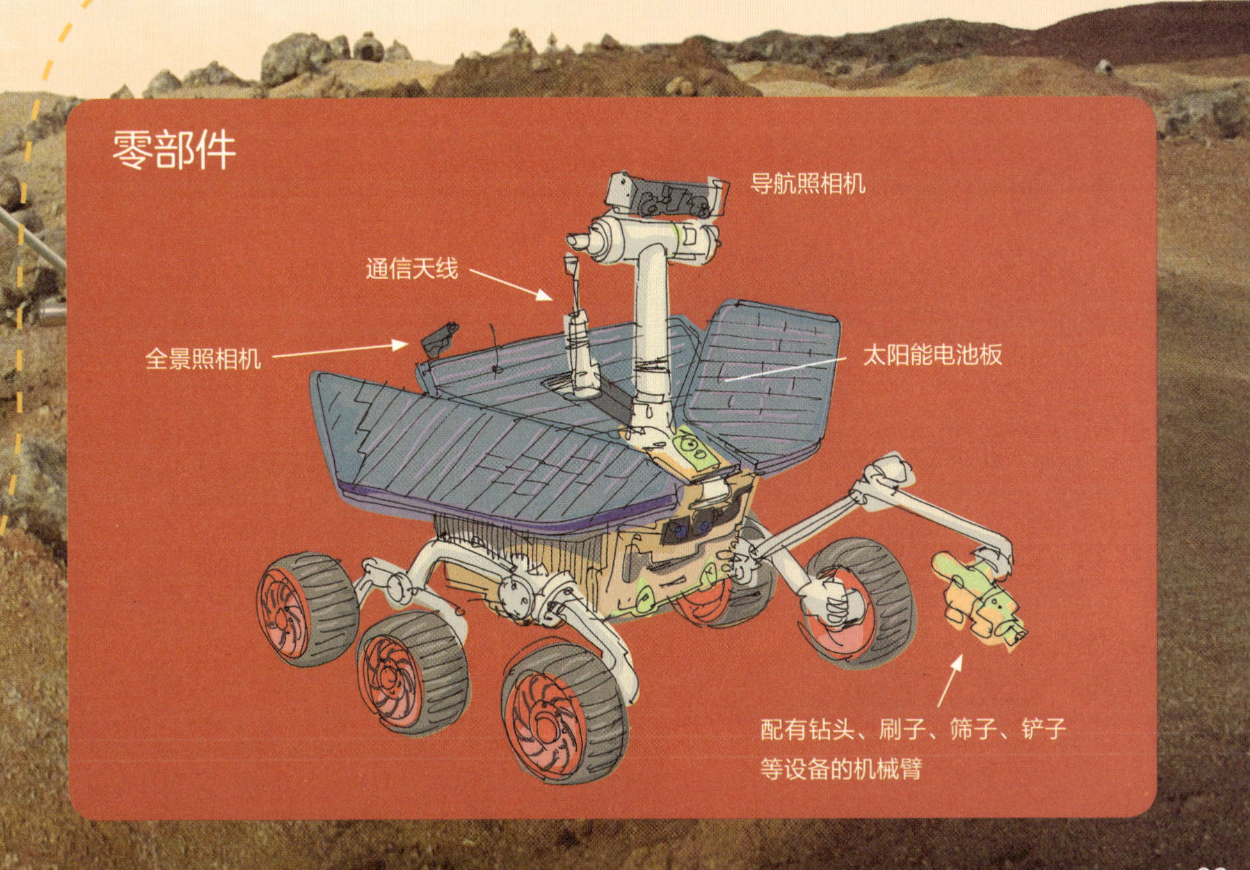

深空探索

我们依靠什么观测深空?

空间探测器向我们展示了太阳系中各个行星的清晰图景，它们的飞行距离正在变得越来越远。如今，发送回冥王星的数据后，新视野号已经越过了这颗矮行星，正朝着神秘的柯伊伯带前进，那里仍然留有太阳系形成之初的遗迹。

可若想观测深空，我们就需要一个像哈勃空间望远镜一样强大的设备。在一个月的时间里，这个望远镜在同一个位置、朝同一个方向拍摄了黑暗太空的一小部分。将所有图像组合在一起后，我们就得到了一张含有成千上万个星系的照片，这些星系很有可能是“宇宙大爆炸”后最早出现的星系，也是形成整个宇宙的基础。

答案：哈勃空间望远镜

哈勃空间望远镜在1990年被发射进太空。太空中的望远镜不会受地球大气层的影响，要知道，大气层可能导致图像变形或模糊。

哈勃空间望远镜使用光学望远镜系统（也就是一组镜子）收集光线。其中配备的第三代广域照相机能够看到人眼无法看到的红外线，望远镜可以将这种光线转换为数据发回地球。地球上的科学家再把数据转为照片。

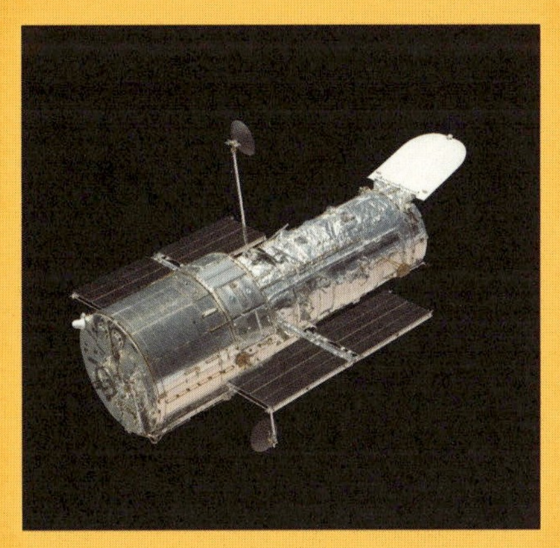

哈勃空间望远镜上的通信天线可以把信息传回地球，并且接收来自地球上科学家的指令。

潜水器

潜水器是一种有人或无人操作的小型潜水艇式工具，可以用来探索海面以下的世界。我们可以在船上远程操控这种设备，它们尤其适合用来探索沉船遗迹，以及寻找位于海面以下的新的栖息地或生态系统。比方说，我们可以用潜水器探索深海热泉附近的生物，那里的水温可能高达几百摄氏度。

深海发现者号潜水器的下潜深度可以超过6000米，承受高达600巴的水压。这个潜水器配有20个LED灯和9个摄像机。

深海潜水器必须承受什么？

现代深海潜水器使用的技术，可以让它们探索普通潜水器无法进入的区域。这些潜水器能够承受海洋深处水的巨大压强，也就是水压。

答案：水压

海洋中某处的水压，是由该处以上的水的总重量产生的，所以下潜得越深，水压就会越大。在非常深的地方，水压甚至可以压扁普通的船舶。所以潜水器必须拥有极为坚固的外壳，才能承受这样的水压。

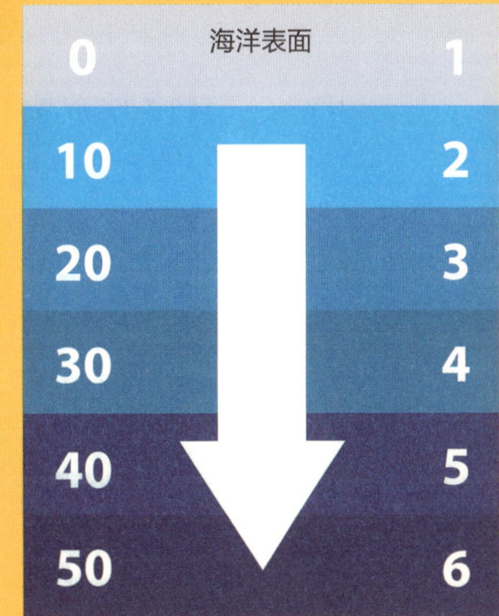

与气压一样，水压的单位也是巴。在海平面处，水压为1巴；而在海平面下50米的地方，水压为6巴。

自主式水下航行器

自主式水下航行器（AUV）是水下无人航行器（UUV）的一种，与无人遥控潜水器（ROV）这种远程遥控工具不同，自主式水下航行器并不与水面上的船舶相连。我们一般用 AUV 执行水下勘察任务，如寻找水下沉船并绘制地图。我们还可以用这种设备寻找可能对商船或游船航行造成危害的岩石或其他障碍物。

一艘 AUV 可以独自完成工作，不需要人工操控。科研人员会在任务开始前将任务程序编入 AUV。传感器能告诉我们 AUV 有多深、离海床有多远。

完成任务后，AUV 将返回到程序确定的回收位置。被回收后，科研人员会下载 AUV 收集的数据并进行分析处理。

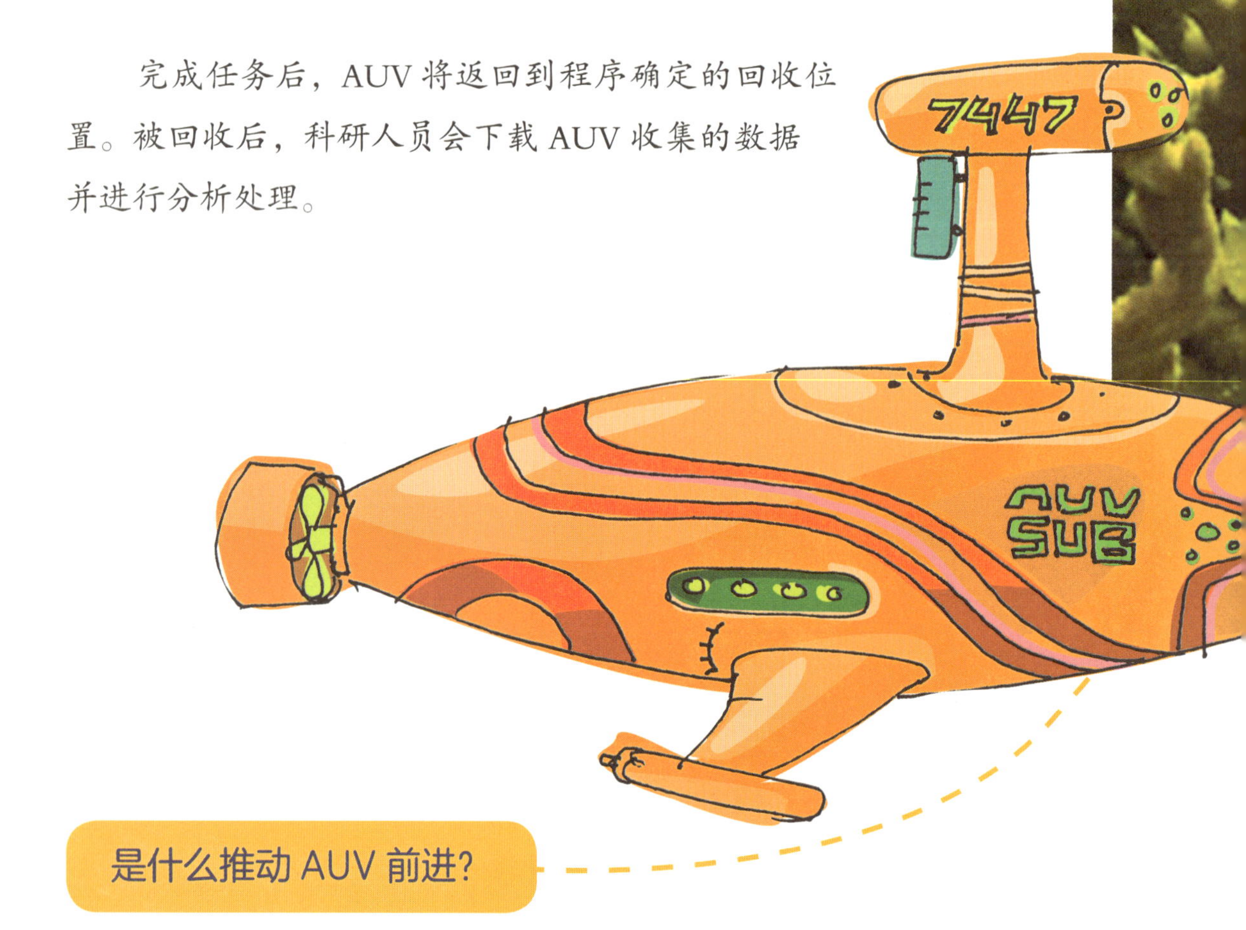

是什么推动 AUV 前进?

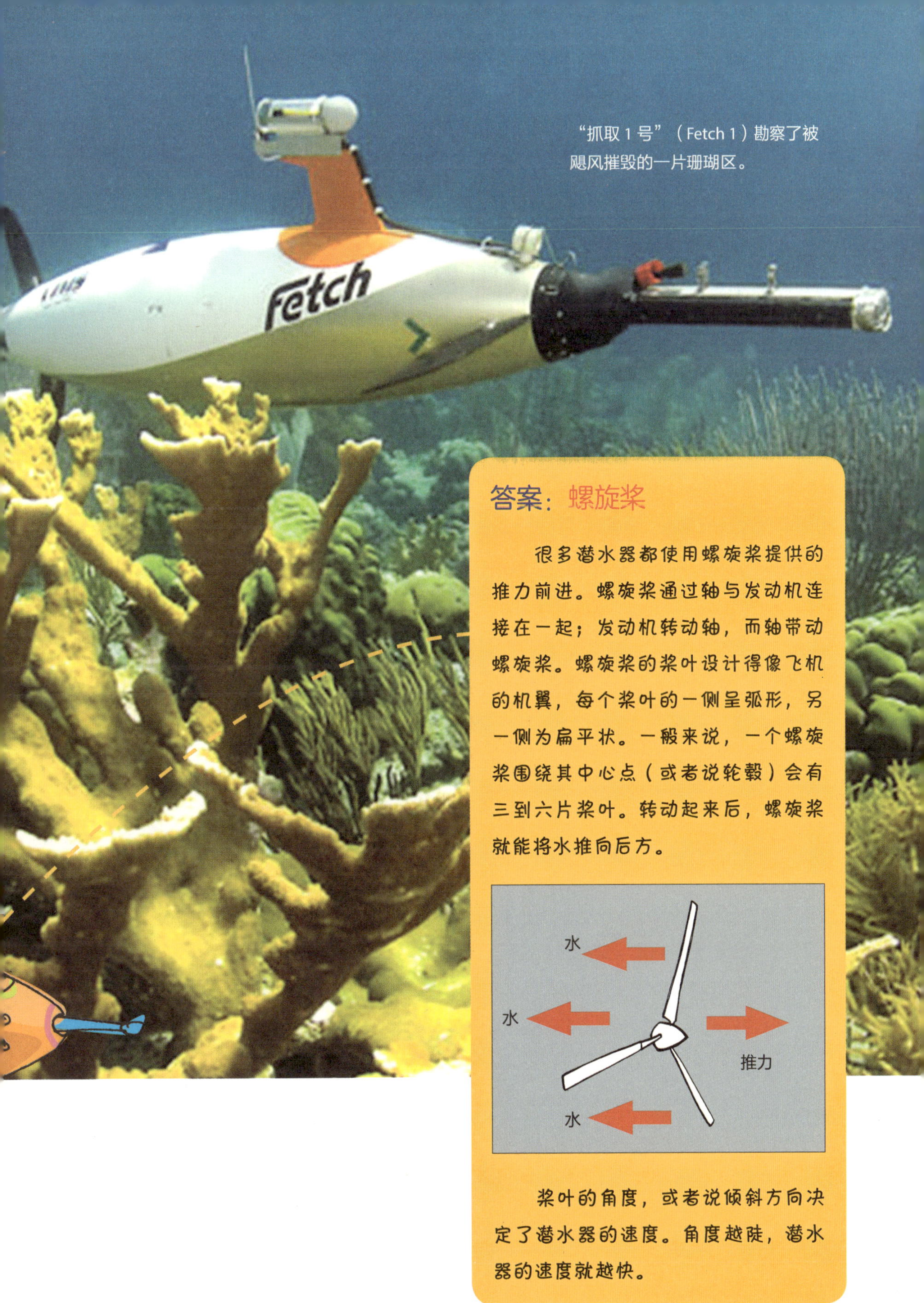

“抓取 1 号”（Fetch 1）勘察了被飓风摧毁的一片珊瑚区。

答案：螺旋桨

很多潜水器都使用螺旋桨提供的推力前进。螺旋桨通过轴与发动机连接在一起；发动机转动轴，而轴带动螺旋桨。螺旋桨的桨叶设计得像飞机的机翼，每个桨叶的一侧呈弧形，另一侧为扁平状。一般来说，一个螺旋桨围绕其中心点（或者说轮毂）会有三到六片桨叶。转动起来后，螺旋桨就能将水推向后方。

桨叶的角度，或者说倾斜方向决定了潜水器的速度。角度越陡，潜水器的速度就越快。

潜水艇

我们在地球上探索的最大区域之一就是海洋。为了探索大洋深处，我们需要一种特别的船，那就是潜水艇。早期的潜水艇由柴油发动机提供动力，而现代潜水艇一般使用核能。

潜水艇必须拥有坚固的外壳，才能应对水下的极端压强，这种压强是由从海面到潜水艇之间的水（加上大气压）造成的。只有无人潜水艇，也就是潜水器，才能应对海洋最深处的压强。

潜水艇中的哪个部分能让它在海洋中上浮、下潜？

零部件

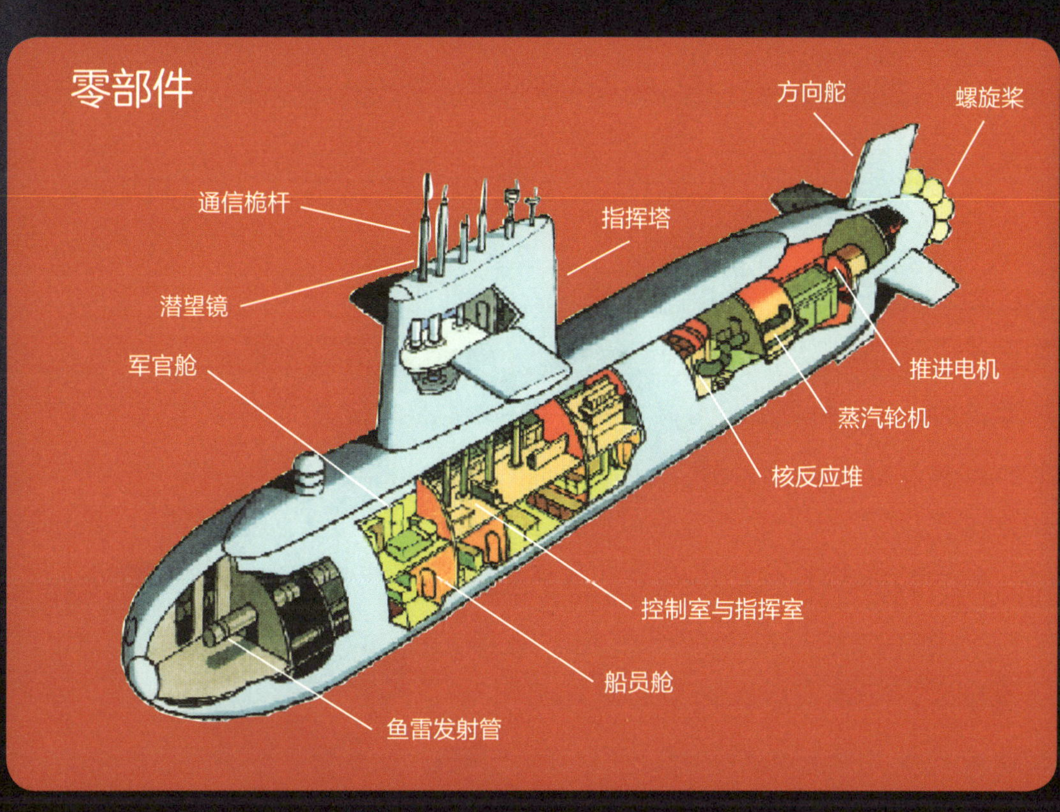

答案：压载水舱

潜水艇必须具备下潜到深海并重新上浮到海面的能力，它通过压载水舱来完成上述操作。

压载水舱可以注入水或空气，这取决于潜水艇需要下潜还是上浮。

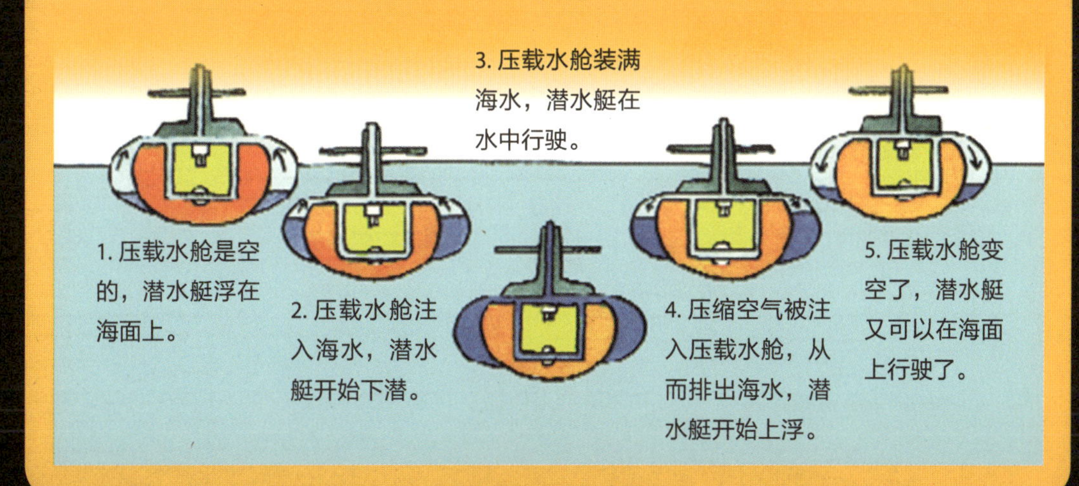

机器人

这个机器能够“看到”“感受到”物体，能够操控自身进入有限空间。这种装有“眼睛”和“手臂”的机器看着像人一样，但有的只有一个机械臂，只能完成特定的工作。这些机器，就是机器人。

还有一些机器人，靠轮子或履带移动。这样的机器人一般用来帮助搜救团队在危险的地方，如地震后在倒塌的建筑里搜救幸存者。警察或军队也可以使用这些机器人进行搜查或援救。

现代机器人受计算机程序控制。机器人内部的电路可以通过遥控，移动特定的部位。这样的系统让控制员能在很远的距离之外来控制机器人。

与制造机器人有关的是什么科学？

我们也可以使用这样的移动机器人探索存在风险的未知地域。这样的地域既可以位于地球，也可以位于与我们相距遥远的其他星球。通过编程，我们可以让机器人拍摄照片、采集样本。

巡逻中的军用机器人。

答案：机器人学

机器人学指的是制造能够做人类工作的机器的学科。在制造机器人的过程中，我们会使用多种工程技术。

所有机器人都需要电来提供动力，它们都带有电池。此外，所有机器人均含有计算机编程代码，它将决定机器人如何行动、何时行动。

按程序类型可以把机器人分为三种形式，分别是：远程控制式、人工智能式和混合式。

远程控制机器人拥有预先设定的技能，可以在控制员下达指令后完成工作。

人工智能机器人在面对不同环境时，能自主做出反应。

混合式机器人拥有以上两种能力。

无人机

它盘旋在空中，像一个巨大的昆虫一样掠过我们的头顶。它就是无人机。无人机是一种飞行机器，或者说是一种无人驾驶的飞行工具。和机器人一样，无人机既可以由机载的计算机控制，也可以由在地面或另一架飞机上的“飞行员”远程控制。

大部分军用无人机执行的都是对有人驾驶飞行而言过于危险的任务，或者执行监视敌方区域的任务。

无人机使用什么发送数据?

无人机也可以用作非军事用途，如电线安全检查，以及警用和灭火任务。我们还可以利用无人机绘制地图或者采集新闻。

无人机需要在远距离处接收信号，要做到这一点就需要使用无线电波。

零部件

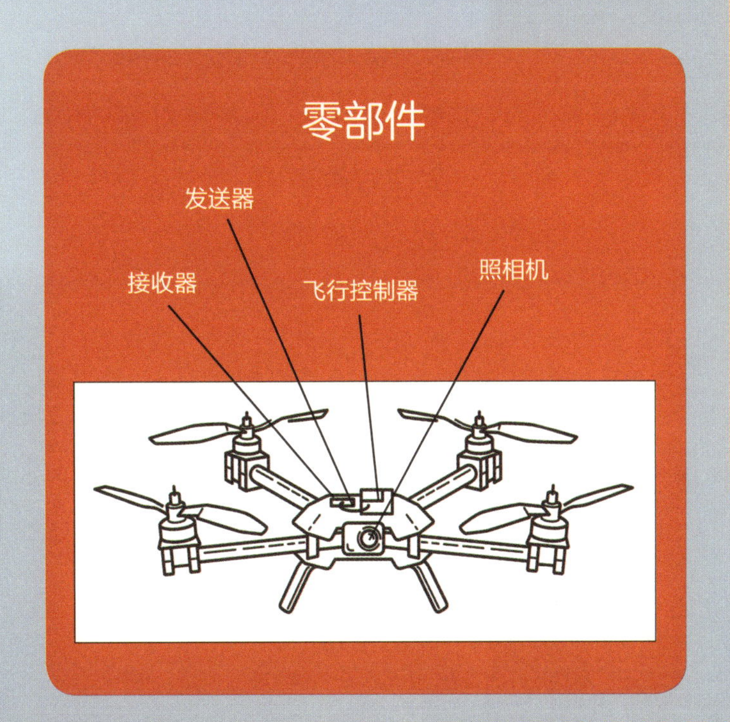

答案：无线电波

拿着遥控器对准电视时，你可以换频道，也可以增大音量。遥控器发出的信号就是电磁波；电磁波可以是光波，也可以是无线电波或微波。

无线电发送器的天线发出的信号与无人机天线的信号相匹配。无线电波的传播速度是惊人的每秒30万千米，通过这种电磁波传播的指令就能让无人机知道下一步该做什么。

术语表

传感器

传感器常用于自动控制和测量系统中，是一种能够将某一被测物理量（如速度、温度、声、光等）变换成便于传送和处理的另一物理量的器件或装置。

电磁波

电磁波是能量的一种物理存在形式。无线电波、红外线、可见光、紫外线和X射线都属于电磁波。

分子

分子是物质中能够独立存在并保持本物质一切化学性质的最小微粒，由原子组成。

雷达

雷达是利用发射和接收无线电波进行目标探测和定位的装置。目标的距离可通过电磁波从雷达到目标、又反射回雷达的时间测定。

履带

履带是围绕在拖拉机、坦克等车轮上的钢质链带，由两个或更多轮子驱动。

摩擦力

摩擦力是指两个相互接触的物体，当有相对运动或有相对运动趋势时，在接触面上产生的阻碍运动的作用力。

能量

能量是指物体做功的能力大小，可分为动能、势能、热能、电能、光能、化学能、核能等。一种能量形式可以转换为另一种能量形式。

燃料

燃料是能产生热能或动力的可燃物质，主要是含碳物质或碳氢化合物。

斜面

斜面是一个倾斜的平面，物体沿斜面向上移动较竖直升高省力。

星系

星系是由无数恒星和星际物质组成的天体系统。

压强

压强指的是物体单位面积上所受到的压力。

压载水舱

压载水舱是潜水艇或潜水器内部的一个舱室，可以注入水、空气或特殊气体来改变重量，从而控制潜水艇或潜水器上浮和下潜。

阻力

阻力是一种妨碍物体运动的作用力。

涂一涂画一画

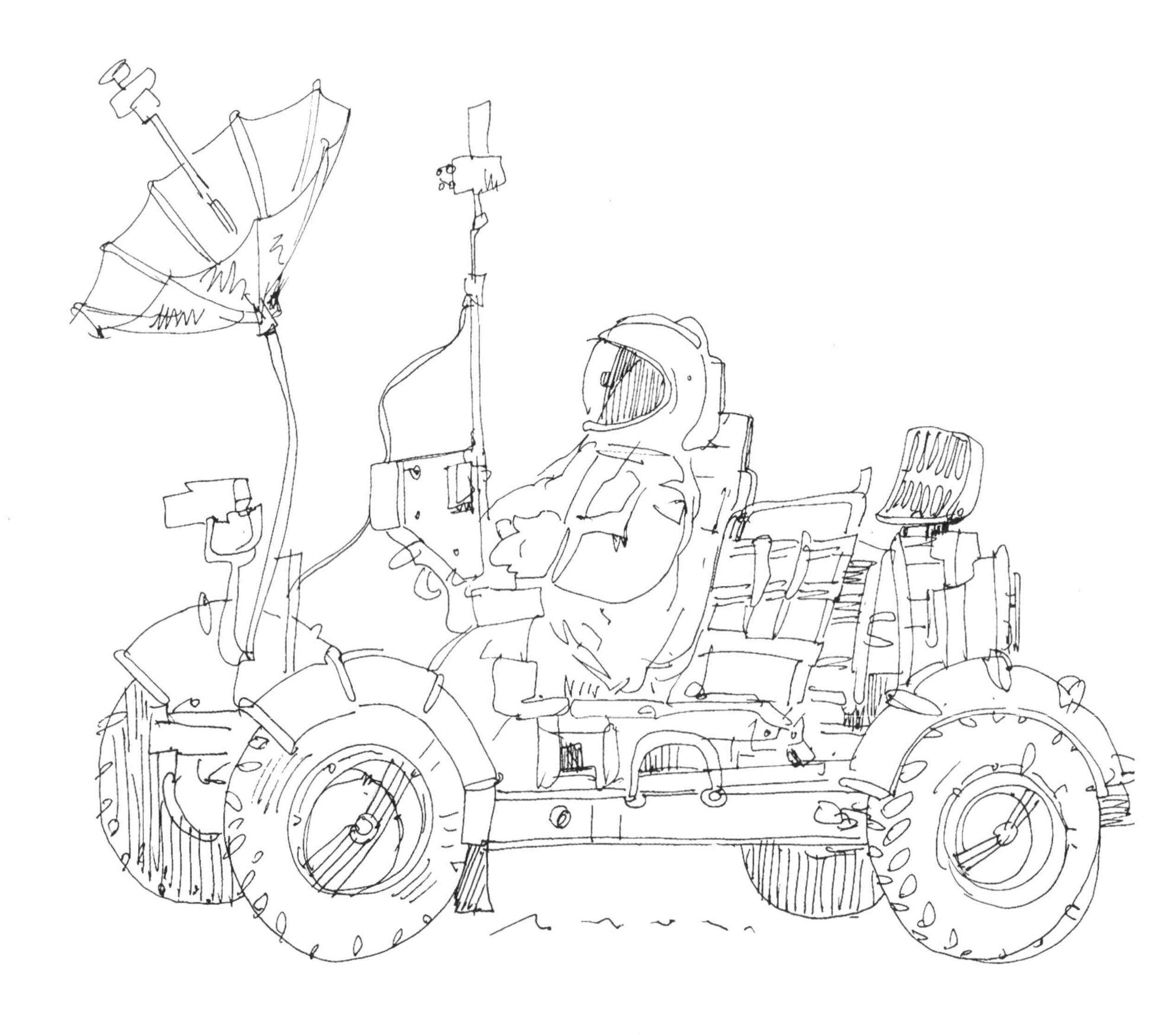

运转的秘密

和交通工具去旅行

[英] 格里 · 贝利（Gerry Bailey） 著

[英] 伊拉鲁（Iralu） 绘

傅婧瑛 译

旅行已经成为人们的一种生活方式，无论是旅途所用的交通工具，还是旅行中供娱乐的车船设备，都是旅途当中不可缺少的伙伴，它们为旅行提供了方便、快捷、安全、舒适的体验，让我们跟随各种旅行交通工具去旅行吧！

本书从物理和工程的角度对隐藏在旅行交通背后的科学原理和工程特点做了介绍，向读者展示了它们在工作中的用途及自身运转的奥秘和原理，以充分激发读者对科学原理的兴趣与探索，培养和提升他们的科学素养和科学思维。本书适合青少年自主阅读和低年龄段的亲子共读。

北京市版权局著作权合同登记　图字：01-2020-3780 号。

图书在版编目（CIP）数据

运转的秘密. 4，和交通工具去旅行 /（英）格里・贝利（Gerry Bailey）著；傅婧瑛译. —北京：机械工业出版社，2021.11（2024.6重印）
书名原文：SCIENCE IN ACTION: Travel
ISBN 978-7-111-69201-0

Ⅰ. ①运…　Ⅱ. ①格…　②傅…　Ⅲ. ①科学知识-少儿读物　Ⅳ. ①Z228.1

中国版本图书馆CIP数据核字（2021）第193657号

机械工业出版社（北京市百万庄大街22号　邮政编码100037）
策划编辑：卢婉冬　　责任编辑：卢婉冬
责任校对：张　力　　责任印制：常天培
北京宝隆世纪印刷有限公司印刷

2024年6月第1版・第2次印刷
184mm × 260mm・3印张・35千字
标准书号：ISBN 978-7-111-69201-0
定价：199.00元（共7册）

电话服务
客服电话：010-88361066
010-88379833
010-68326294

网络服务
机　工　官　网：www. cmpbook. com
机　工　官　博：weibo. com/cmp1952
金　　书　　网：www. golden-book. com
机工教育服务网：www. cmpedu. com

封底无防伪标均为盗版

写在前面的话

世界上有许多不同种类的机器帮助我们从一个地方来到另一个地方旅行。这些机器有的在陆地上行驶，有的在大海中航行，还有的在天空中翱翔。它们可以是只能搭载一个人的摩托车，也可以是能够装下几千人的远洋游轮。

帮助我们旅行的机器可以完成很多工作。想要完成工作，机器就需要能量。这些能量可以是电能，也可以是由类似石油一样的化石燃料提供的化学能。

能量带来动力。动力可以很小，只够滑动一艘小船；动力也可以很大，大到能够推动飞机。

现在，我们来了解那些能让我们在地球上自由旅行的机器，并对其中的科学知识一探究竟吧！

目录

缆索缆车

自然岩壁有时过于陡峭，攀爬难度很大。因此，工程师设计出了一种特殊的轨道交通工具，来运输乘客上山下山。这就是缆索缆车。

缆索缆车属于缆车的一种，缆索与在轨道上运行的两辆车以及滑轮相连，看上去更像是有轨电车。

拉动上行缆车的是什么作用力？

缆索带动缆车沿着陡峭的坡面上下。一辆缆车上行时，另一辆起到平衡作用的缆车就会下行。也就是说，下行缆车的重量与上行缆车的重量相等，两辆车的重量互相抵消，这就降低了拉动上行缆车的难度。

到了斜坡顶部，缆车会通过一个滑轮系统。滑轮系统一般靠电动机带动，特制的轮子将滑轮系统的缆索与缆车连接在一起，让缆车不断重复上行、下行的过程。

答案：重力

尽管缆索缆车一般需要依靠电力才能在陡坡上移动，但重力在这个过程中同样起到了作用。重力是地球的吸引力，能够阻止地面附近的一切物体——包括人类——脱离地球，飘向太空。

重力是引力的一个分力。两个物体之间的引力大小与两者之间的距离有关，也与物体的质量(物体所含物质的多少)有关。质量越大，引力对它们的作用就越强。

引力对地表某物产生的吸引力，就是重力。衡量重力大小的单位是“牛顿”。

因此，重力对下行的缆车产生向下拉动的作用，正是这个作用力帮助上行的缆车前进。

气垫船

气垫船可以平稳地行驶在水面之上。它们拥有充满空气的“垫子”，因此比其他不得不克服波浪影响的船只速度更快。气垫船一般用于水面上的快速转移，但它们也可以在陆地上行驶。因此在跨越沼泽或崎岖地区时，气垫船也能派上用场。

在行进过程中，空气通过船顶的风扇被吸入气垫船。围绕在船边和船底的气室大约有半米高，空气就被保存在其中。

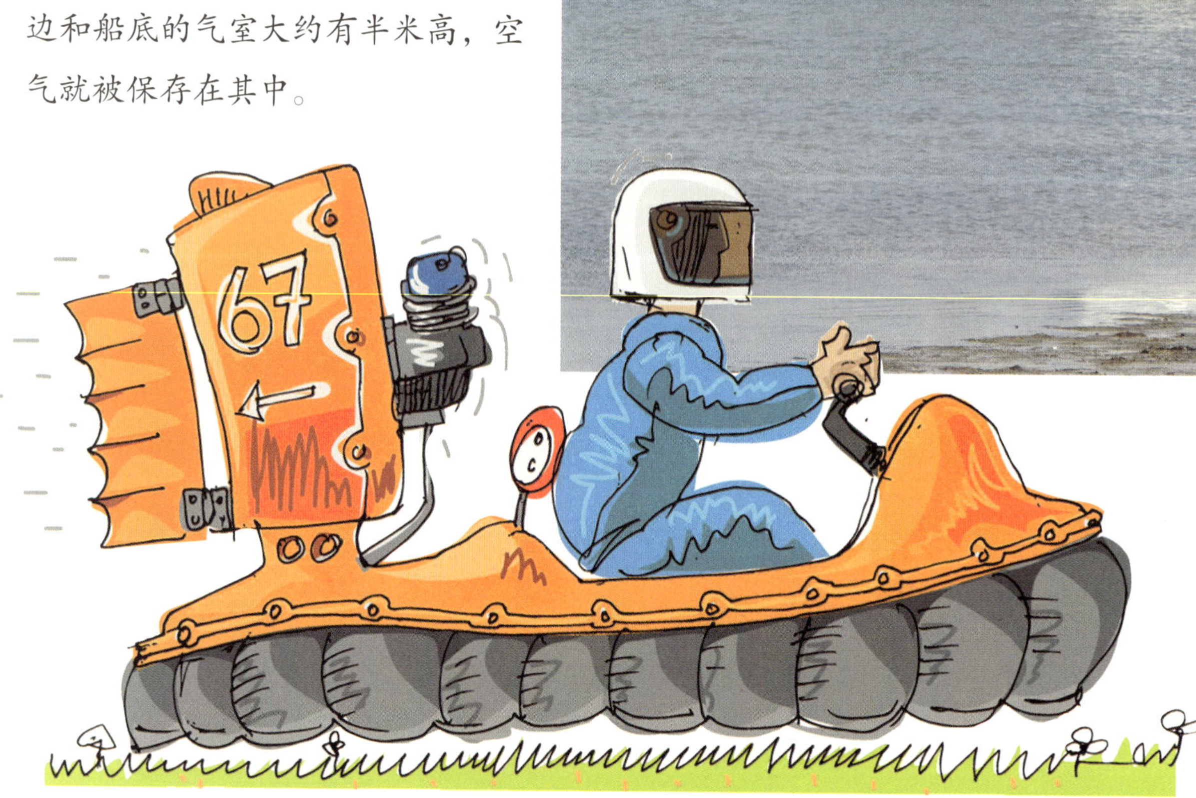

哪种作用力能让气垫船离开地面?

气垫船能够独立制造额外的气压。

答案：气压

我们看不见它，可是起风的时候，我们却能感觉到它，它就是空气。我们身边到处都是空气。大气层围绕着我们的地球，它的厚度大约有1000千米。

大气由多种气体组成，自身拥有重量，也会占据空间。大气对我们施加向下的压力，这就是气压。我们通常不会感受到施加在身上的气压，这是因为我们体内也有同等大小的力，跟它保持平衡。

由于空气无法“逃离”气室，因此就能推动气垫船向上，使得船体掠过水面。气室底部可以上下移动并跟随波浪运动，这有助于气垫船保持平稳。

空中客车

空中客车 A380 是一种体型极其庞大并且速度很快的客运飞机。这种飞机由罗尔斯·罗伊斯公司生产的四台涡轮风扇喷气发动机提供动力，飞机的最高速度可以达到 1020 千米 / 小时。

A380 是世界上最大的民航客机，可以搭载超过 500 名乘客。飞机内有两层贯穿机身的乘客区，通过位于前方和后方的楼梯相连。

机翼如何帮助飞机飞上天空？

答案：翼型

空中客车飞机的机翼虽然非常大——长36米，根部弦长，即最宽处为17米，但它们能起到和其他机翼相同的作用。机翼的上表面为弧形，下表面则是平面。

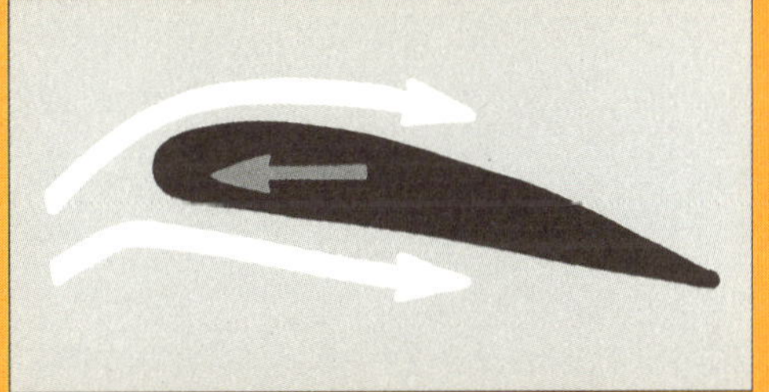

机翼上方空气的流动速度比下方更快。

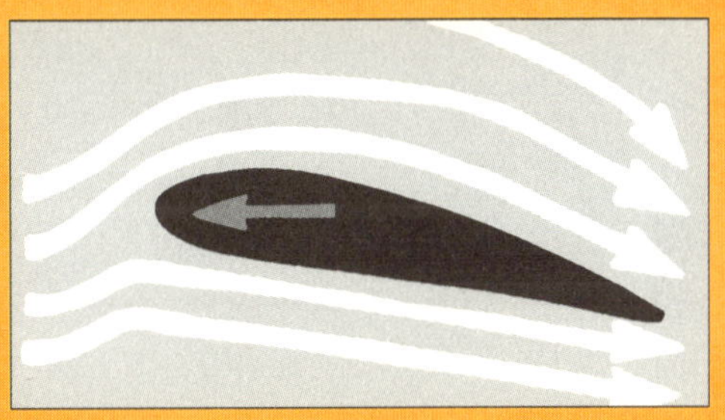

空气流动速度越快，气压就越低。

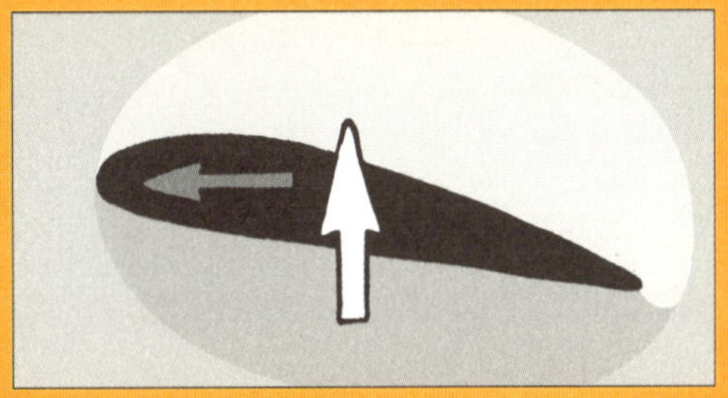

机翼下方空气的流动速度较慢，产生了更大的压强，从而推动飞机上升。

自行车

自行车最主要的传动装置是什么？

因为环保节能，自行车是一种非常受欢迎的短途交通工具。

自行车装有两个轻质金属轮子，轮子外包裹着橡胶轮胎，车轮与高强度的车身框架相连。骑车人可以通过操纵车把来转动前轮，这样就能控制自行车的行进方向并保持车身平衡。车把上的闸把是省力杠杆，骑车人用很小的力就能使车闸以较大的力压到车轮的钢圈上。

答案：链轮

除了前后两个主车轮，一辆自行车想要移动，还需要一系列特殊的小轮子。脚蹬通过曲柄与一个带有尖齿的轮子连接在一起，这个轮子就是链轮。

链条缠绕在链轮上，同时与连接在后车轮上的飞轮相连。脚踏力通过曲柄、链轮、链条传递到飞轮和后轮上，带动自行车前进。自行车变速系统的作用就是通过改变链条和不同的前、后大小的齿盘的配合来改变车速快慢。

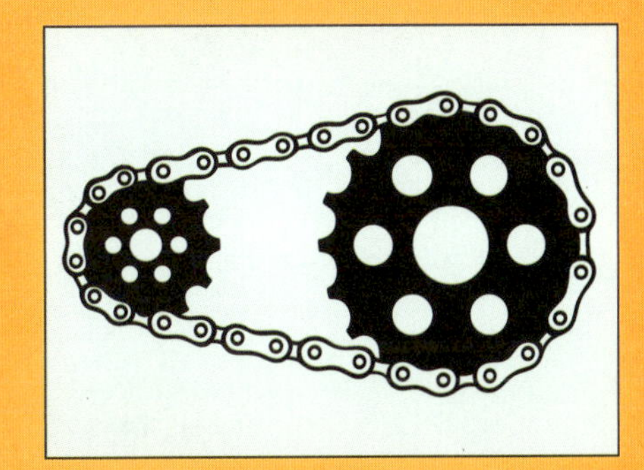

小船

小船是用于水上交通的一种小型船舶。可以用船桨划动为小船提供动力，也可以用发动机为小船提供动力，或者扬起风帆，靠风力前进。制造现代的小船需要使用很多材料，包括橡胶、木材、钢和玻璃钢。玻璃钢是一种加入了玻璃纤维的强化塑料。

在秘鲁，一位渔夫在的的喀喀湖上划动小船。

阻止小船下沉的是什么作用力？

小船，如渔船，重量同样可以很大。小船可以用重金属或钢铁制成。人们可能很难想象，用金属制成的船竟然能浮在水面上。毕竟把一根金属棒扔进水里，它就会立刻下沉。

那重量很大的船为什么能浮在水面上呢？这就要看船体浸入水后能占据或者说挤走多少水了。如果船的重量小于被挤走的水的重量，船就能漂浮在水面。

大船可以挤走很多水，因为其船体是中空的，里面的空间可以用来装载乘客或货物。尽管体型庞大，但船的重量小于被挤走的水的重量，因此就能漂浮在水面。这就是浮力。

答案：浮力

浮力是一种作用力，可以简单地理解为液体反向推动固体的力量。浮力能够决定一个物体在液体中究竟是下沉还是漂浮。

这个作用力可以理解为上推力。把一个物体放进液体中时，物体会推走一部分液体，或者说让一部分液体移位。上推力等于被移位液体的重量。

如果物体的重量小于等于上推力，物体就能漂浮在水面上。

巴士

英文中的 bus（巴士），是 omnibus（公共汽车）的缩写。omni 是一个拉丁词语，意思是“全部”，omnibus 的意思就是“所有人都可以用的交通工具”。谁都可以乘坐巴士，但我们通常需要支付一定的费用。世界上的很多城市都有巴士，让市民可以用低成本进行短途旅行。

我们也能在不少城市里见到双层巴士的踪影，这种巴士可以运输更多的乘客。双层巴士必须经过特殊设计，才不会轻易翻倒；这种特殊的设计，就是低重心式设计。也就是说，巴士的底部较宽，且距离地面较近；即便车内有人四处走动，巴士本身仍能保持平稳。

是什么让高高的双层巴士不易翻倒？

长途汽车用于长距离旅行。这种巴士上一般配有舒适度更高的高靠背座椅，还配有视听娱乐系统和卫生间。

在乘客数量相对较少的地区，小型巴士的使用频率更高，这种车看上去就像装有车窗的小货车。小型巴士通常行驶于乡间道路上。

答案：重心的位置

任何一个物体都可以有一个象征性的点，我们想象重力产生的合力都在这一点上。这个点就是物体的重心。

重心既可以位于物体内部，也可以位于物体外部。不管怎样，物体在这个点上总能实现完美平衡。

如果从重心垂直向下画出的直线能穿过基底，物体就能保持平衡稳定。

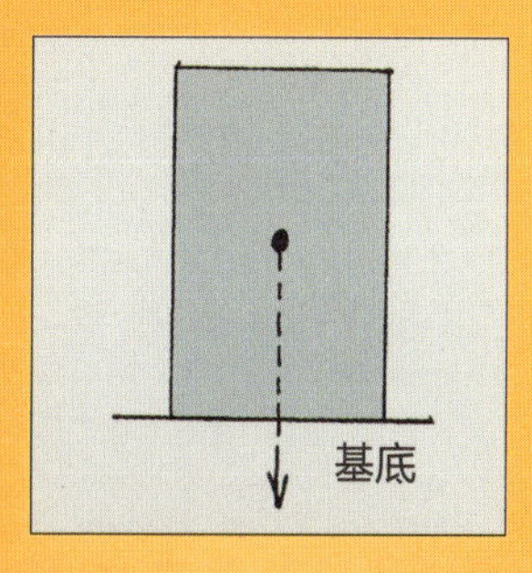

即便物体倾斜，如果这条线仍然穿过基底，那么物体也不会翻倒。

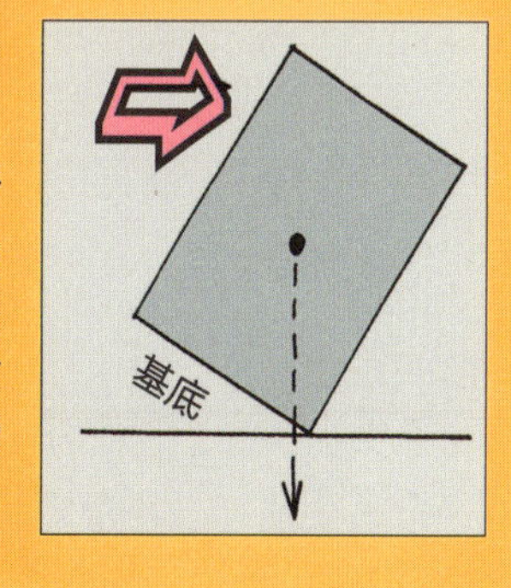

可如果这条线不经过基底，物体就会翻倒。

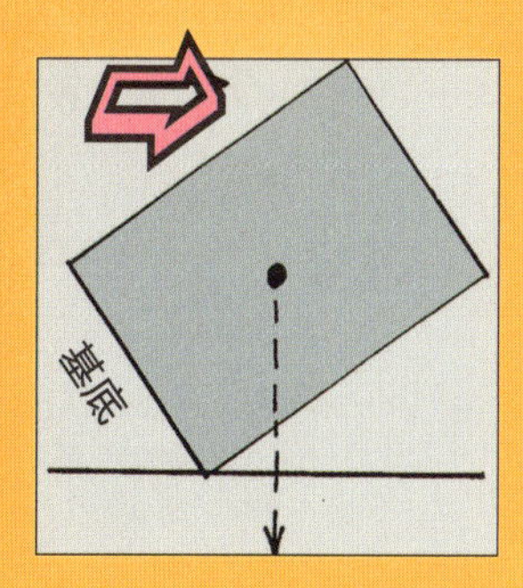

独木舟

独木舟是一种小型开放式船只，靠划动一个船桨移动。如果独木舟是封闭的，则被称为皮艇。

现代独木舟一般用玻璃钢、木材、铝和帆布打造而成，还会用上一些先进材料，如凯夫拉纤维这种合成塑料纤维。这种新型材料密度低、强度高、韧性好、耐高温、易于加工和成型。早期的独木舟没有设置座位，人们只能跪在里面划船。而现代独木舟一般都安装了座位。

独木舟可以装下一个或几个人，他们靠滑动船桨移动独木舟。船桨可以只在一边有桨板，也可以在两边都有桨板。

船桨属于哪种简单的机械装置？

答案：杠杆

杠杆指的是横杆以一个固定的支撑点为中心进行运动，这个固定的支撑点就是支点。在杠杆的一端施加作用力，可以抬起另一端的重物。支点离重物越近，抬起重物所需的力量就越小。

根据支点的位置，杠杆可以分为3种不同的类型。船桨属于第三类杠杆，它的支点位于一端，重物位于另一端，而作用力施加在两者中间。

汽车

内燃机的发明，是汽车诞生与发展之路上极其重要的一环。

和其他种类的发动机一样，内燃机可以将热能转变为机械能。内燃机使用的燃料是化石燃料；之所以称其为化石燃料，是因为它来自石油，石油是几百万年前的植物死去后埋入地下而逐渐形成的一种物质。

可这种燃料的问题在于，会导致空气污染，而且总有一天会消耗殆尽。因此，人们开始寻找其他种类的能量，以求替代化石燃料。一个解决方案就是使用电能，也可以使用天然气或氢气。如今，有些汽车使用了电能和化石燃料的混合动力，甚至是纯电能。而且一些汽车还拥有了“自动启停”系统。也就是说，当你停车时，发动机就会自动关闭；脚踩加速器时，发动机就会启动。

什么为汽车带来了动力？

答案：内燃机

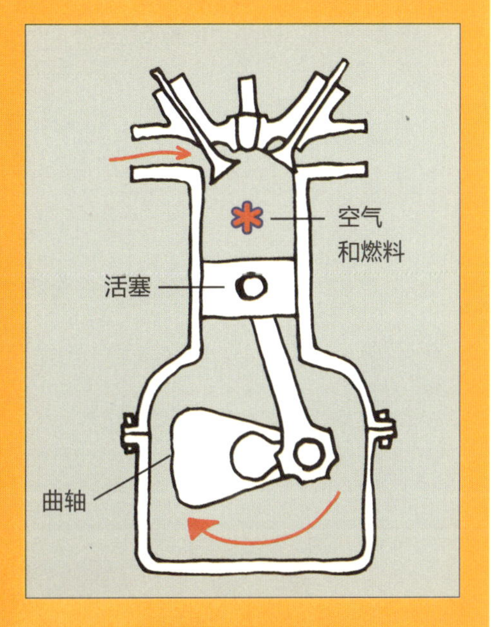

内燃机靠空气和燃料的混合物运行。它的内部装有一系列活塞；活塞在气缸中运动，可以吸入空气。

随后，一股汽油注入内燃机。活塞挤压空气与燃料的混合物。电火花导致被压缩的混合物燃烧，迫使活塞向下运动。这个运动带动与车轮相连的一个连杆运动，这个连杆就是曲轴。

活塞在气缸内的上下运动以极快的速度反复进行，这就为汽车的轮子提供了动力。

零部件

旅行拖车

旅行拖车并不少见，尤其是在夏天，有些被小汽车或卡车拖拽前进，有些则配有发动机和驾驶室。可以说，旅行拖车就是移动的家。

有些旅行拖车仅可以装下一张床和一个洗手池，而有些也会像现代房屋一样装备齐全。

还有些型号的旅行拖车拥有独立动力源。较小的旅行拖车有时也被称为露营车，这是因为大部分时候它们被用于露营之旅。较大的旅行拖车则适合全年居住。

大部分旅行拖车由哪种材料制成？

答案：铝

旅行拖车可以装下很多东西，包括床、桌子、马桶和火炉，因此总重量一般较大。为了减少旅行拖车的重量，拖车的车体通常由铝这种金属制成。

铝是一种银白色的金属，存在于火山岩、页岩、黏土和大多数土壤中。经过电解和提纯，以上物质就会冷却形成一种轻质、易弯曲的金属。但是这种金属的强度不够，不能单独使用，因此会和其他金属混合在一起增强强度，如锌或铜。像这样混合在一起的金属就是合金。铝合金不仅重量轻，而且强度也很高。

铝板的延展性极好，因此可以制作成巨大的铝卷储存。

旅行拖车由轻质的铝合金板材经过塑形和整合连接后制成。

摩托车

摩托车装有动力强劲的汽油发动机，发动机位于摩托车车身正中。假如需要紧急制动，也就是刹车，骑手可以用踏板来控制后侧制动，用车把手上的杠杆控制前侧制动。

摩托车有很多种类。其中一些是赛车，这种摩托车的车身与发动机被完全包裹在流线型的整流罩里。而动力强劲的旅行摩托车则拥有巨大的发动机，骑手也能以更为直立的姿势坐在摩托车上。

大摩托车一般装有巨大的后轮和相对较小的前轮，这种设计可以提高摩托车的行驶速度。因为重量轻且拥有强大动力，这些摩托车可以达到极快的行驶速度。可这也意味着摩托车的制动性能必须非常良好，才能保证它们能安全地停下来。

哪种作用力有助于摩托车减速？

答案：摩擦力

摩擦力是一种相互作用力，运动着的物体与其他物体表面发生接触时，就会导致物体运动速度变慢。摩擦力之所以存在，是因为不存在绝对光滑的表面。当两个表面相对滑动时，粗糙点就会有所接触。

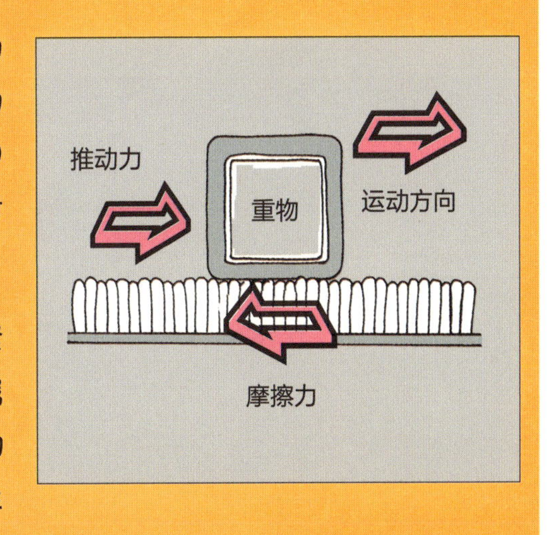

摩托车上的制动杆与车把手相连。紧捏制动杆时就会拉动一个与垫圈相连的金属线。拉动制动杆时，垫圈就会挤压与转动的车轮相连的旋转盘。垫圈与旋转盘接触产生了摩擦力，从而导致摩托车速度减慢。

摩天轮使用了哪种简单的机械装置？

摩天轮

去游乐场时，乘坐摩天轮显然是谁都不愿错过的娱乐项目。摩天轮是一种直立着的巨大轮子，边缘安装着吊篮或者车厢，里面有固定座位。轮子转动时，乘客就会被带入高空，接着再转回到地面。

如今，摩天轮已经成为极有吸引力的游乐设施，它是从高处俯瞰城市的一种方式。伦敦眼是世界上十大摩天轮之一，高度为135米。摩天轮能将游客带到非常高的位置，足以看到城市里最高的建筑和著名的古迹。

答案：轮子

轮子是一种简单的机械装置，它的中心有孔，轴从这个孔中穿过。轮子通过轴固定在摩天轮的支架上，这种装置能够让摩天轮转动起来。

如今，这种简单的机械装置在不同领域得到了应用，从陆地上的汽车到天上的直升机，从缝纫机到食品搅拌机。轮子有的单独使用，更多的则是成对使用。如车辆上的轮子，当两个轮子分别与车轴两端连在一起时，我们就能以这个简单的机械装置为基础做成一辆小车或其他交通工具了。

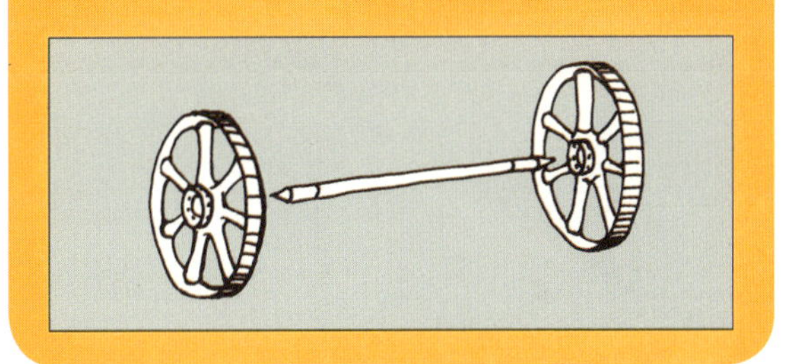

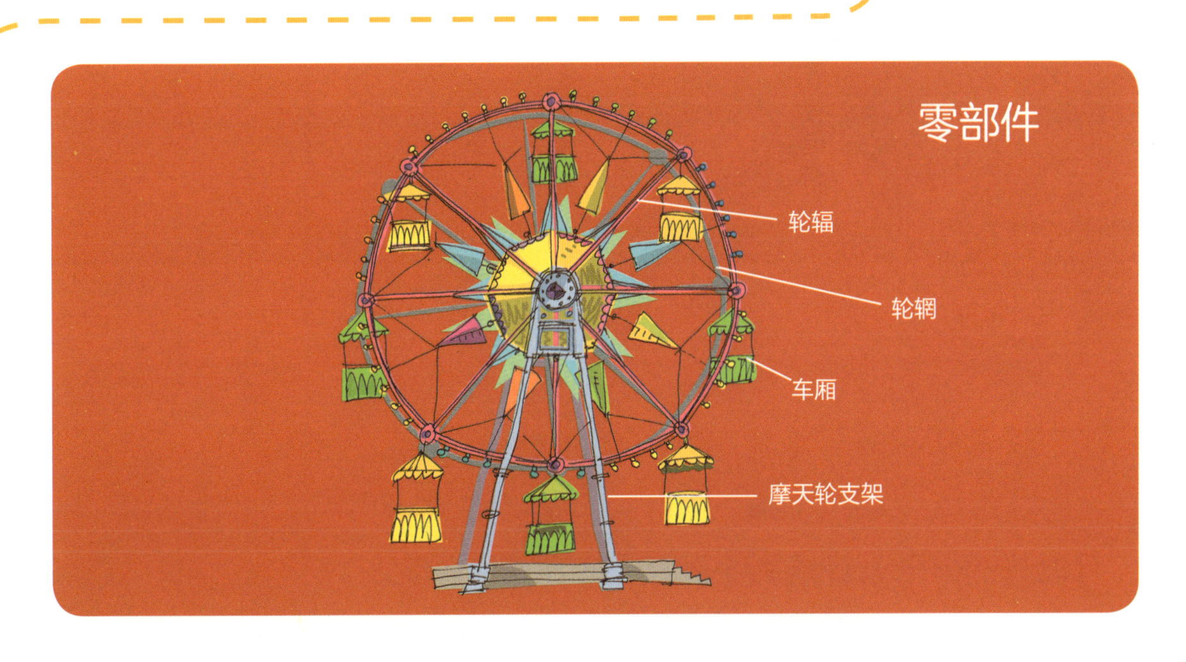

高速列车

高速列车，如法国 TGV（法国高铁）、中国高速铁路以及日本的新干线，它们所需的能源都是由供电系统提供的。列车一般通过空中接触网为列车供电，有时也会通过常规铁轨旁边的第三条轨道获得电能。铁轨必须经过特殊处理，以适应列车通过时的速度。这种铁轨就是“高温轨道”。

什么样的外形设计能减小高速列车前进的阻力？

高速列车通常采用流线型设计，这使它们能以极快的速度行驶于轨道上。

答案：流线型设计

随着时间的推移，以空气动力学为基础的流线型设计变得越来越多。空气动力学解决的就是物体在空气中运动的问题。流线型设计的物体在空气中运动时受到的阻力更小，这就是高速列车的车头都被设计成流线型的原因。

类似老款蒸汽火车一样的方形会导致空气经过时被分散，并且在后方形成漩涡，从而减慢物体的运动速度。

漩涡气流制造阻力，减慢物体的运动速度

圆头或尖头、周身光滑的流线型设计，让空气或水不会产生漩涡，而是流畅地在物体周围流动，由此让物体的运动速度变得更快。

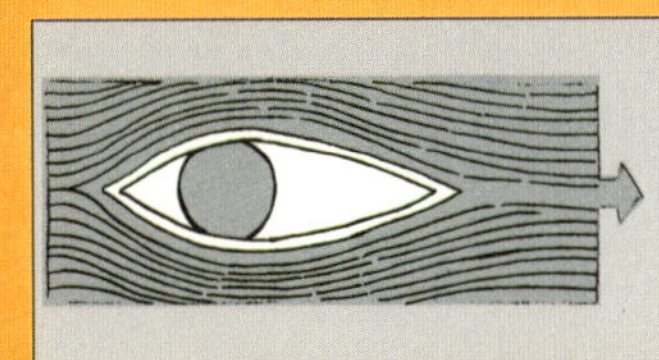

顺畅流动的空气使得物体更容易运动

有轨电车

有轨电车是一种沿着轨道穿梭在城市大街小巷上的交通工具。世界上最早的有轨电车出现在19世纪初，那时还需要靠马队或骡子拉动。但没过多久，马就被电动机取代了。如今，有轨电车仍然依靠电力行驶。

老式有轨电车从架空电缆获得电能，架空电缆沿着与电车车顶相连的集电杆向下输送电能。如今的电车依靠受电弓从电缆处获得电能。受电弓是一个框架，向电缆挤压“集电靴”这个垫片。电车移动时，集电靴也会在电缆上滑动。电缆上的电能通过集电靴，再传给电动机。

世界上最大的有轨电车系统位于澳大利亚的墨尔本，共有约500辆电车，线路总长249千米，共有1770个有轨电车站供乘客上下车。

有轨电车行驶在什么上面？

答案：轨道

像火车一样，有轨电车也在轨道上行驶。如此一来，它们就需要装有特殊设计的轮子。有轨电车的轮子在其内边缘有一个被称为“凸缘”的凸起。凸缘可以将轮子限制在轨道上，避免其滑出轨道。

车轮表面略呈圆锥形，内侧直径比外侧直径多出几毫米。这种设计可以减少有轨电车转弯的难度。

有轨电车的轨道由两条平行的钢制轨道组成，钢轨安装在被称为枕木的横杆上。大多数城市的有轨电车的轨道都带有凹槽，凸缘轮可以在凹槽上运行。这意味着铺设在城市地面的轨道嵌入路面以下，完全可以不露出地面。

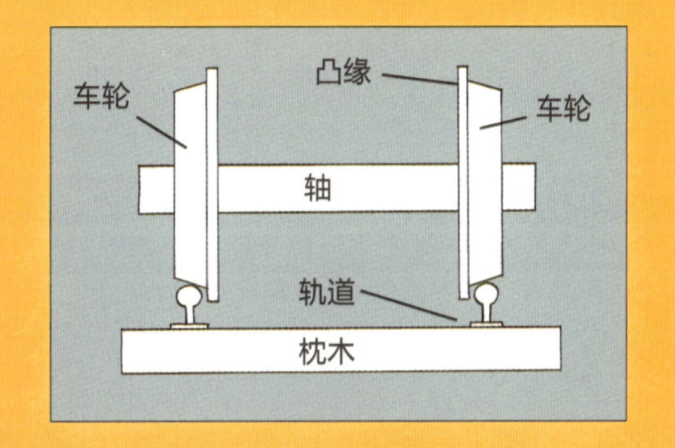

零部件

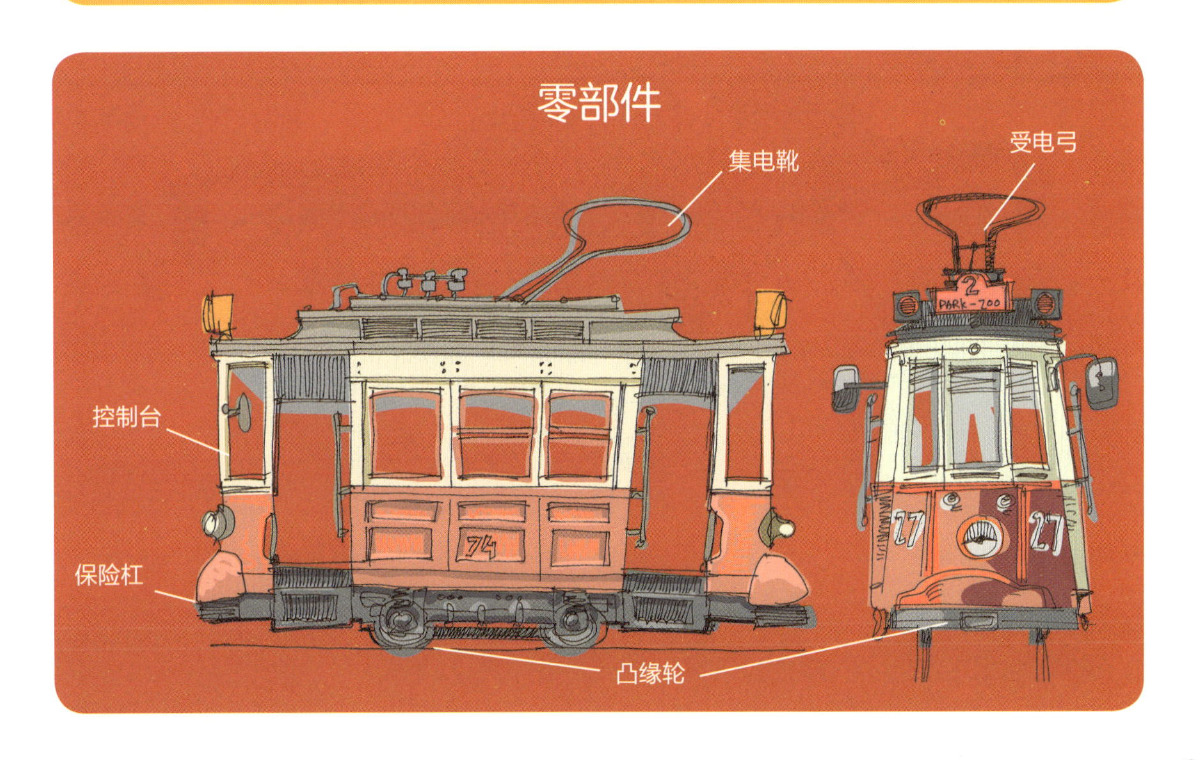

水翼船

水翼船以接近100千米的时速滑行于水面。它们的速度之所以这么快，是因为支撑杆的支撑使得船身高于水面，这一支撑杆就是“水翼”。整个水翼船只有水翼的边缘浸入水中。

水翼的作用相当于飞机的机翼。因为这种船以极快的速度前进，水翼能够制造出有助于船体向上移动的“升力”，同时还能抵抗水带来的阻力。

一艘掠过海面的水翼船。

想要高速运行，水翼船必须克服哪种作用力？

答案：阻力

阻力是一种摩擦力。这种作用力的方向，与任何物体在空气或水中的运动方向相反。也就是说，阻力会减慢物体的运动速度。

船体在水中运动时会遇到阻力。船在水中的运动速度越快，它们需要克服的阻力就越大。

有一种克服阻力的方法，就是抬高船体高度，使其离开水面。我们可用机翼一样的水翼实现上述目标。

水翼与飞机的机翼有着相同的原理。水翼上方的水的运动速度要快于水翼下方的水。水流运动速度越快，产生的压强就越小。

因此，水翼下方就会承受更大的压强，这就会向上推动水翼和与水翼相连的船身，由此带来了“升力”。当大部分船体被抬升离开水面后，船遇到的阻力就会变小，速度就会变快。

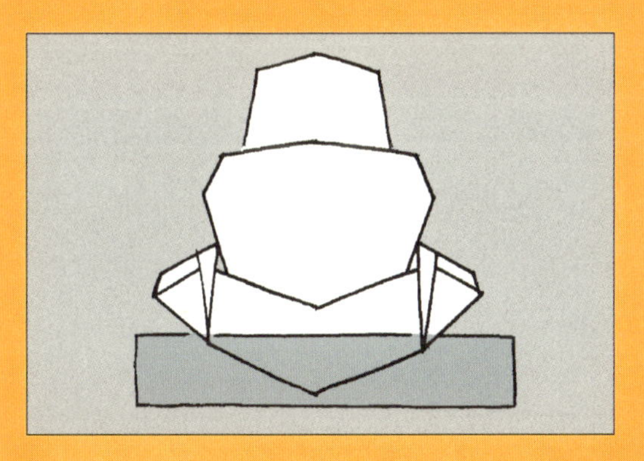

水翼船的水翼在船体两侧展开，形成V字形。当船体高速运行时，水翼船的一部分就会离开水面。

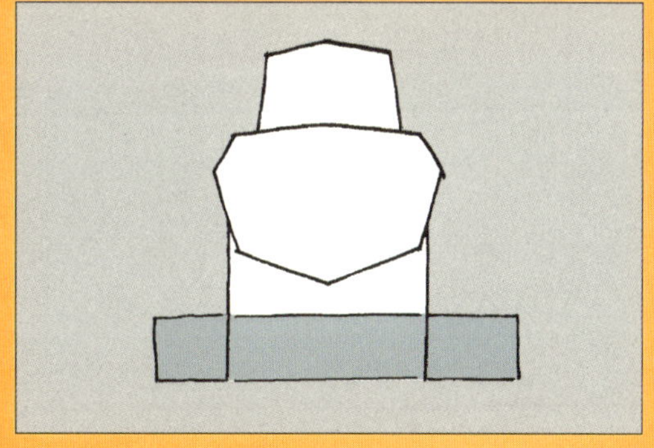

这种上下颠倒的T型水翼船的水翼，时刻浸入水中。这种设计能够减轻波浪对船体的影响，使得航行过程变得更加平稳。

水翼船减速时，船体会逐渐接近水面，最终会像普通船只一样漂浮在水面上。

轻型飞机

并不是所有飞机都是巨大的喷气式飞机，很多飞机都属于轻型私人飞机，或者是连接不同城市的轻型飞机。轻型飞机可以到达没有道路通行的偏僻地区。这些飞机只需要一段足够长、可供起飞降落的平整土地，就可以投入使用。

绝大多数轻型飞机都是单翼式设计，机翼既可以位于机身下方，也可以安装在机身上方。副翼是种板状物，可以上下移动，能起到控制飞机的作用。不过也有些轻型飞机采用双翼设计，这些双翼机的外形和最早期的飞机很相似。

轻型飞机的哪个零部件能推动飞机前进？

答案：螺旋桨

一般来说，小型飞机靠螺旋桨驱动。在喷气式发动机投入使用前，大部分飞机都要靠螺旋桨提供动力。双叶螺旋桨就像两个又长又薄的翅膀连在一起，螺旋桨的桨叶呈弓形。

螺旋桨一般通过连杆直接与发动机相连。发动机转动就会导致连杆转动，从而带动螺旋桨快速转动。

现代飞机的螺旋桨通常装有两个以上的桨叶。桨叶转动时会迫使空气向后运动，飞机因此被向前推动。这个向前的作用力就是推力。

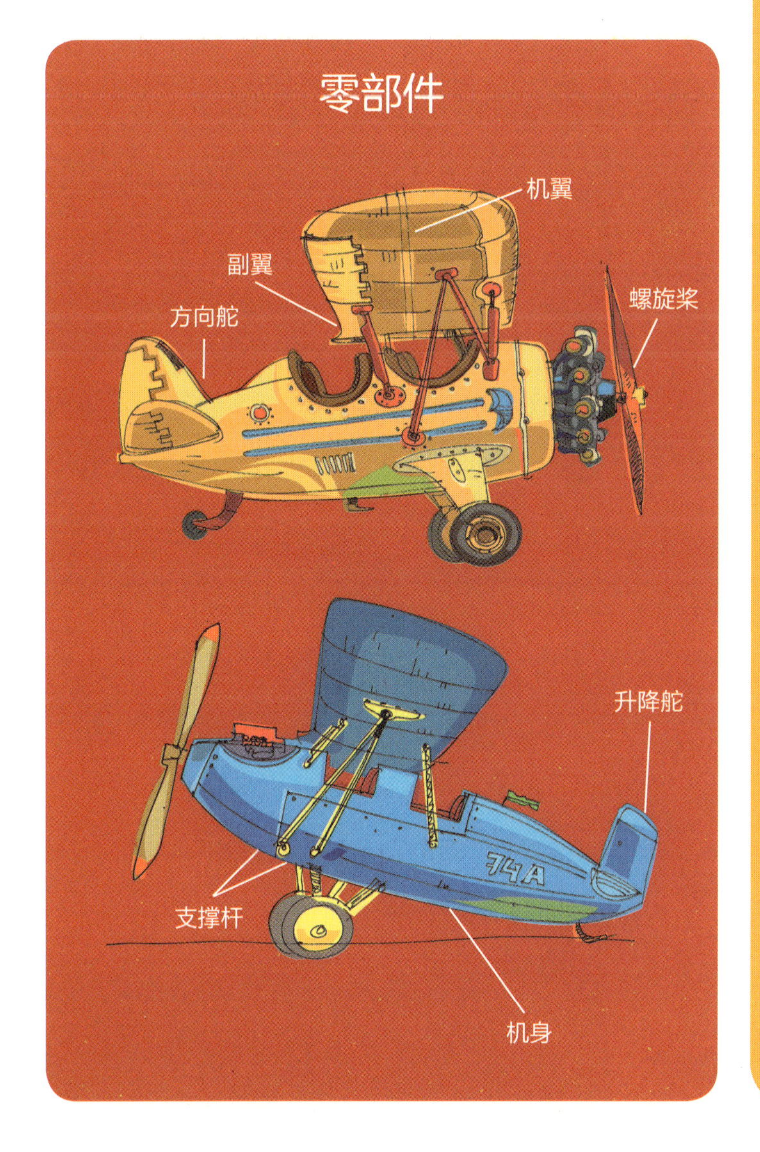

远洋游轮

若是想以航行于大海的方式度假，人们的首选大概就是乘坐远洋游轮这种庞大的游船了。游轮就像一个巨大的酒店，甚至相当于一个小型城镇。乘客可以在船舱中休息，可以在餐厅、游泳池、电影院和商店里聚会见面，也可以悠闲地在甲板上漫步。远洋游轮上还设有理发店，甚至还有医院。由轮机员、厨师、服务员、医生、护士和其他员工组成的船员，负责照顾所有乘客的生活起居。

世界上最大的游轮可以装下6000名乘客。不少游轮长约300米，相当于三个足球场的长度！

哪种装置能让巨大的游轮完成360度转弯？

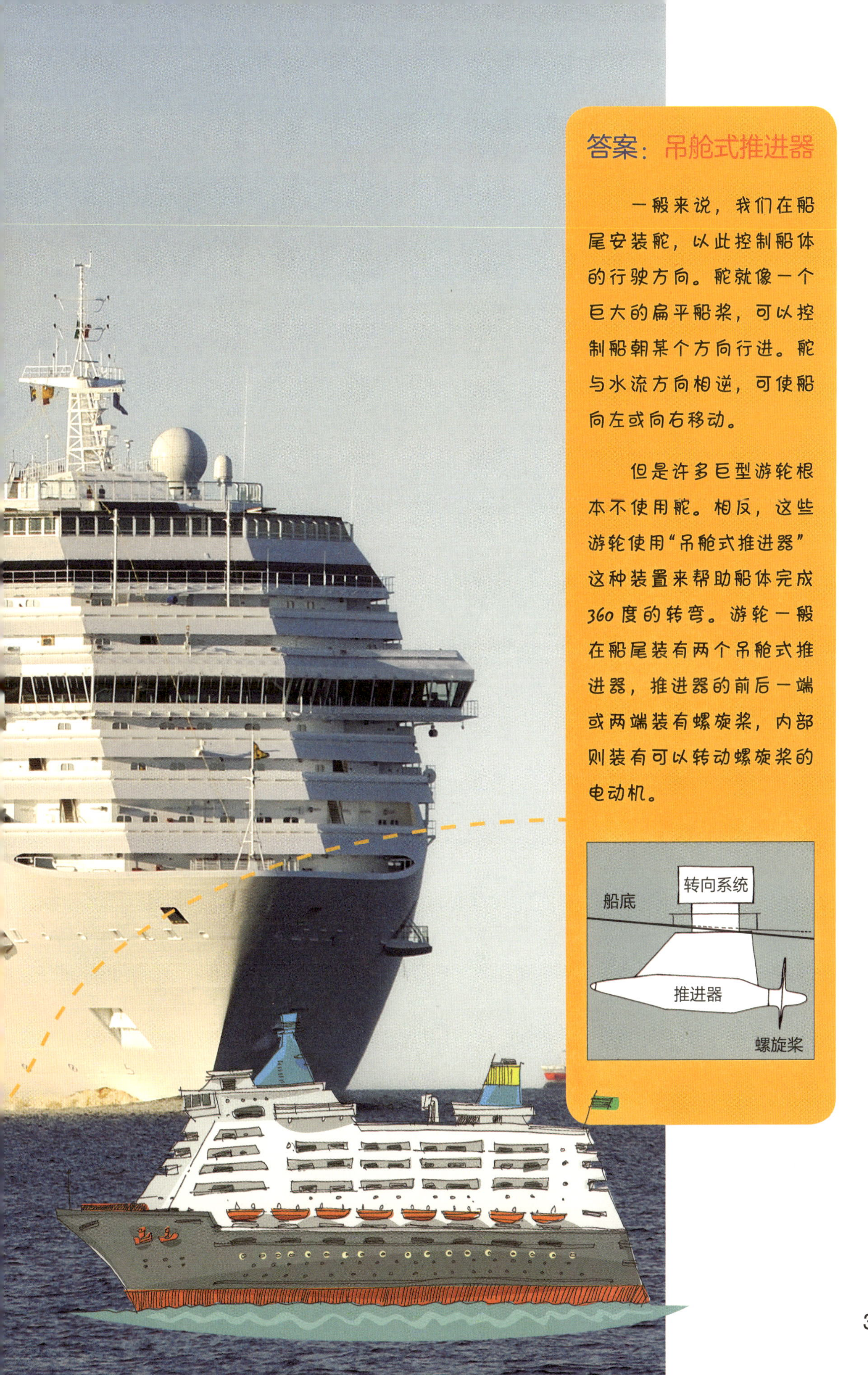

答案：吊舱式推进器

一般来说，我们在船尾安装舵，以此控制船体的行驶方向。舵就像一个巨大的扁平船桨，可以控制船朝某个方向行进。舵与水流方向相逆，可使船向左或向右移动。

但是许多巨型游轮根本不使用舵。相反，这些游轮使用“吊舱式推进器”这种装置来帮助船体完成360度的转弯。游轮一般在船尾装有两个吊舱式推进器，推进器的前后一端或两端装有螺旋桨，内部则装有可以转动螺旋桨的电动机。

小轮摩托车

有一种交通工具就像黄蜂一样，嗡嗡作响地穿梭在城市的街道上，它们就是小轮摩托车。有一款知名的小轮摩托车叫“韦士伯小型摩托车（Vespa）”，而vespa在意大利语中正是“黄蜂”的意思。

小轮摩托车装有两个小车轮，发动机安装在车身里。骑车人把脚放在摩托车的一个平台上，这个平台属于摩托车开放框架的组成部分。这与普通摩托车有很大区别，后者的车身框架相对抬高，骑车人需要踩着脚蹬才能上车。

小轮摩托车的方向靠车把手控制。拉动车把手上的杠杆或踩动脚踏板都能拉动钢丝线，从而控制刹车（制动系统）。油门（加速系统）则通过车把手上一个可以转动的手柄控制。

什么让小轮摩托车保持平稳?

答案：陀螺仪

陀螺仪就像一种旋转陀螺。当你旋转陀螺时，它转动的速度越快，陀螺稳定性就越高。速度减慢时，稳定性就会变差，最终翻倒在地。

小轮摩托车的前轮就像一个倾斜的陀螺，速度越快，稳定性就越强。也就是说，速度越快，车身就越能保持平稳。反过来，速度越慢，稳定性就越差；完全停止时，它可能就会倒下。

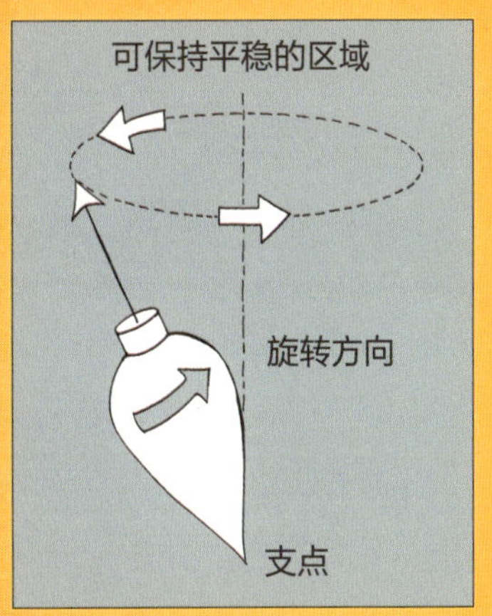

陀螺越大，就越能保持旋转时的稳定。因此，小轮摩托车的车轮越大，摩托车的稳定性就越好。

电动平衡车

骑电动平衡车的感觉，就像骑着一个带轮子的茶托盘！这就是电动平衡车，也称赛格威（Segway），而骑好这种车的关键就是保持平衡。世界各地随处可见电动平衡车，它们既可以用于人行道上，也可以出现在崎岖的路面上，甚至还能在室内使用。电动平衡车一般被警察或大型场地的保安用作巡逻工具，也会被机场的员工用到，作为在航站楼间快速移动的工具。

电动平衡车以电作为动力来源。也就是说，电动平衡车不会像其他汽车那样排放尾气，因此更加环保。有些电动平衡车在减速时，会具备反向充电功能，这可以大大延长电池的寿命。电动平衡车充一次电就能行驶 38 千米的路程。

一名意大利警察骑着电动平衡车穿梭于城市的大街小巷。

什么装置能让骑车人在电动平衡车上保持平衡？

答案：传感器

传感器是安装在某些机器上的小型装置，用来记录机器各部分的运行状态。根据记录，传感器可以对机器做出改变，或者将问题传输给计算机。

电动平衡车在底座内安装了五个传感器，这些传感器记录下平衡车的倾斜度，或者说角度，以避免其翻倒。这些传感器能帮助骑车人保持平衡。传感器可以监控从直立到倾斜的变化角度，记录频率高达每秒 100 次！

电动平衡车的底座上也安装了加速度计，用来测量车轮的速度。如果骑车人身体向前倾斜，传感器就会让轮毂电动机向前倾斜，从而使骑车人保持身体直立。

如果骑车人身体向后倾斜，就会导致车轮速度变慢，使得骑车人再次向后移动。

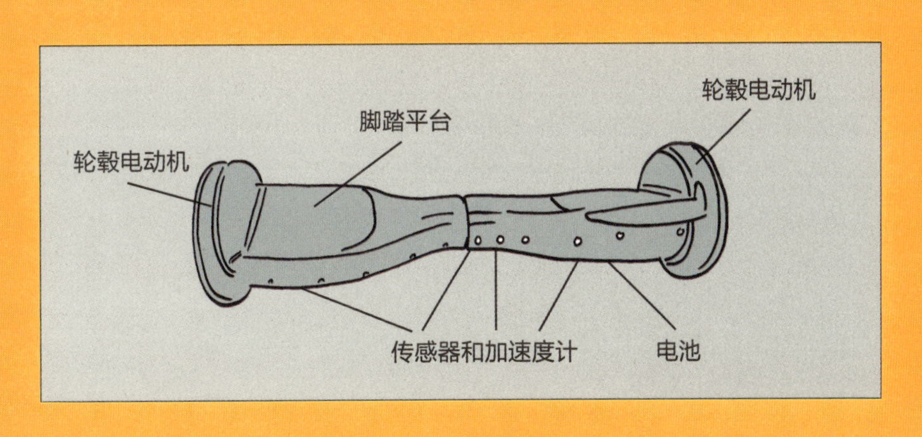

缆车

如果为了滑雪而爬到山顶，或者只是为了欣赏山顶的风光，你大概会选择乘坐缆车，亦被称为“高空缆车”。这些缆车体型较小，通常为封闭车厢，车厢顶部连接着索道。缆车从山脚运行到山顶，而且始终处于运动状态。

缆车本身没有发动机，而是靠外部发动机带动索道移动，索道再带动缆车移动。索道与一个大轮子相连，这个大轮子被称作“大齿轮”。大齿轮本质上是一种滑轮，既能改变索道的方向，又能让索道移动。

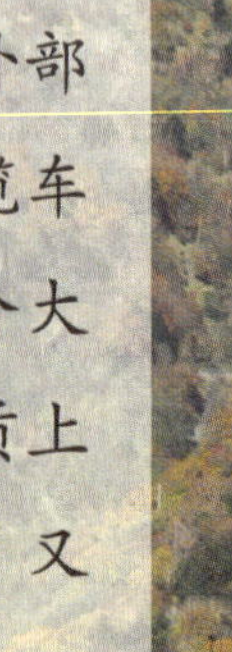

哪种机械装置可以将缆车拖拽到山顶?

答案：滑轮

滑轮是一个装在架子上的周缘有槽的轮子，能穿上绳子或链条，用来提起重物的一种简单机械装置。我们可以用滑轮改变被拉动或被提起的物体的方向。

滑轮的轮圈里有可以放置绳索的沟槽。轴将轮子固定在特定的位置上，但能让轮子自由转动。

很多滑轮只需要绳子或绳索，如果要拉起重物，我们就得用钢丝绳或链条了。把钢丝绳或链条的一端与重物相连，另一端用来拉起重物。一个滑轮装置中的滑轮越多，拉起重物所耗费的力气就越小。

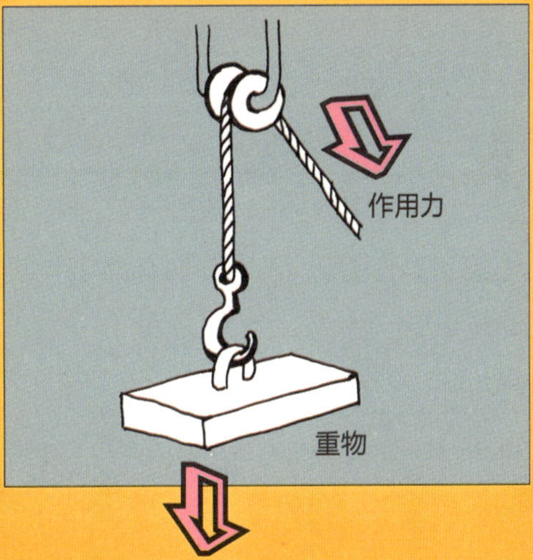

地铁

在大城市里，最轻松便捷的交通方式是进入地下。这时，你就需要使用地铁这种地下交通系统了。

地铁车辆靠电力运行，而电通过与两条主轨道并列的第三条轨道传输。电动机为地铁列车提供动力。

是什么为地铁前进提供动力？

答案：电动机

电动机可以将电能转化为机械能，这是因为电流会产生磁场，而磁场能够产生作用力。

电动机内装有一个线圈，金属线缠绕在旋转轴上，旋转轴装在一个磁铁里。电流经过线圈时，就会把线圈变成磁铁。两块磁铁互相排斥，使得旋转轴转动。

旋转轴持续转动，先是朝一个方向，然后朝另一个方向，这就为电动机提供了动力。电动机驱动地铁列车的车轮转动。

术语表

传感器

传感器常用于自动控制和测量系统中，是一种能够将某一被测物理量（如速度、温度、声、光等）变换成便于传送和处理的另一物理量的器件或装置。

磁场

磁场是传递物体间磁力作用的场。磁体和有电流通过的导体的周围空间都有磁场存在。

磁铁

磁铁是用钢或合金钢经过磁化制成的磁体，有的用磁铁矿加工制成。磁铁能够产生磁场，具有吸引铁磁性物质如铁、镍、钴等金属的特性。

电池

电池是把化学能或光能等变成电能的装置。

舵

舵一般位于船尾，作用类似于船桨，用于控制船的行驶方向。

浮力

浮力是物体在流体中受到的向上托的力。浮力的大小等于被物体所排开的流体的重量。

合金

合金是由一种金属元素跟其他金属或非金属元素熔合而成的、具有金属性质的物质。一般合金的熔点比组成它的各金属低，而硬度比组成它的各金属高。

流线型

流线型是指前圆后尖，表面光滑，略像水滴的形状。具有这种形状的物体在流体中运动时所受阻力最小。

能量

能量是指物体做功的能力大小，可分为动能、势能、热能、电能、光能、化学能、核能等。一种能量形式可以转换为另一种能量形式。

燃料

燃料是能产生热能或动力的可燃物质，主要是含碳物质或碳氢化合物。

重心

物体内各点所受的重力产生合力，这个合力的作用点叫作这个物体的重心。

阻力

阻力是一种妨碍物体运动的作用力。

涂一涂画一画

运转的秘密

救援中的超级助手

［英］格里·贝利（Gerry Bailey） 著

［英］伊拉鲁（Iralu） 绘

傅婧瑛 译

在人们遭遇灾难、面对意外事故或危险事件的时候，需要专业人员提供科学、高效、系统的救援行动。在这些行动中，救援工具是必不可少的。让我们感受一下救生艇、救援直升机、云梯车、机器人等这些超级助手的厉害吧！

本书从物理和工程的角度对隐藏在救援工具背后的科学原理和工程特点做了介绍，向读者展示了它们在工作中的用途及自身运转的奥秘和原理，以充分激发读者对科学原理的兴趣与探索，培养和提升他们的科学素养和科学思维。本书适合青少年自主阅读和低年龄段的亲子共读。

北京市版权局著作权合同登记　图字：01-2020-3777 号。

图书在版编目（CIP）数据

运转的秘密. 3，救援中的超级助手 /（英）格里 · 贝利（Gerry Bailey）著；傅婧瑛译. — 北京：机械工业出版社，2021.11（2024.6重印）
书名原文：SCIENCE IN ACTION: Rescue
ISBN 978-7-111-69201-0

Ⅰ. ①运… Ⅱ. ①格… ②傅… Ⅲ. ①科学知识–少儿读物 Ⅳ. ①Z228.1

中国版本图书馆CIP数据核字（2021）第193656号

机械工业出版社（北京市百万庄大街22号　邮政编码100037）
策划编辑：卢婉冬　　责任编辑：卢婉冬
责任校对：张　力　　责任印制：常天培
北京宝隆世纪印刷有限公司印刷

2024年6月第1版 · 第2次印刷
184mm × 260mm · 3印张 · 35千字
标准书号：ISBN 978-7-111-69201-0
定价：199.00元（共7册）

电话服务
客服电话：010-88361066
010-88379833
010-68326294
封底无防伪标均为盗版

网络服务
机　工　官　网：www. cmpbook. com
机　工　官　博：weibo. com/cmp1952
金　　书　　网：www. golden-book. com
机工教育服务网：www. cmpedu. com

写在前面的话

我们在帮助人们脱离险境时，会用上各种各样的机器。其中一些是始终处于警戒状态的，如救护车、救生艇和消防车等，它们做好了随时回应紧急呼叫的准备；一些救援工具通常用于巡逻，如救援气垫船；还有一些机器可以为有需求的人提供持续性援助，如电动轮椅和座椅升降机。

科学家发明出了能够完成各种工作的救援机器，并且不断地推陈出新、更新换代。此外，只有训练有素且勇气十足的专业人员才能操控这些机器，以挽救陷入困境中的人们及他们的财产。

接下来，就让我们深入地了解这些救援中的超级助手吧！

目 录

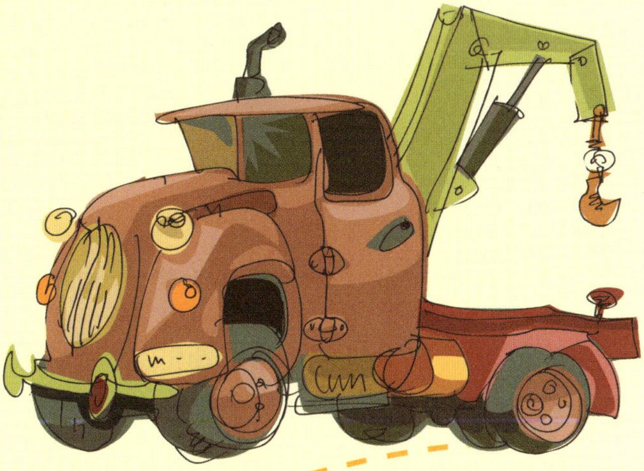

救护车

我们能听到远处传来的救护车的声音，刺耳的警报声延绵不绝。然后，我们就会看到救护车上闪烁的灯光。

如果你恰好也在同一条路上行驶，那么就需要给救护车让开道路，让它迅速通过。救护车可能正载着生病的人或受伤的人奔向医院，也可能正在向事故地点疾驰。

怎么保证救护车快速且安全地行进？

现代救护车上配备了各种复杂的医疗器械，在救护车上工作的也都是经过特殊培训的急救人员。

大多数救护车配备了可以在紧急状态下使用的医疗急救设备，其中包括可用于处理呼吸衰竭、心律失常、烧伤和骨折的设备。救护车也会装载供氧设备。

现代救护车中装有受传感器控制的复杂电子程序。这个程序可以让救护车在高速行驶或者急转弯时仍能保持平稳，为车中的乘员提供更安全、更舒适的乘车体验。

答案：保持平衡

救护车必须不断调整自身的平衡，以应对移动过程中来自不同方向的推力或拉力。也就是说，救护车需要保持平衡状态。

如果一个力作用于物体上，而物体没有移动，那就意味着另有来自其他方向的力同样作用于物体上。两个大小相等、方向相反的力互相抵消，这就达到了平衡状态。

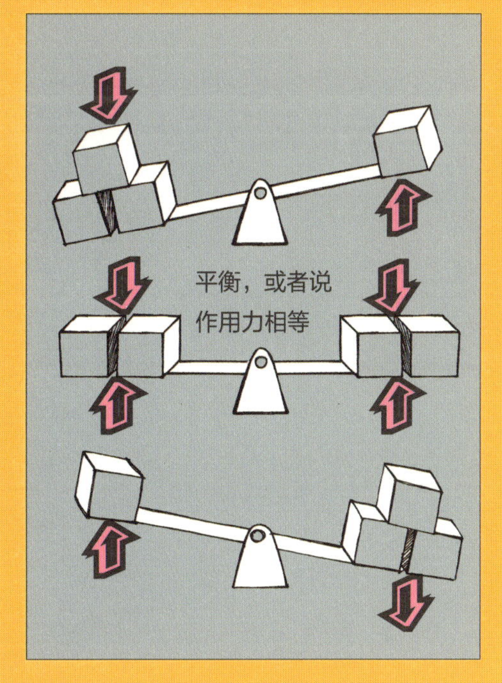

救援卡车

如果你的车在路上抛锚了怎么办？你可能会给汽车俱乐部（或保险公司）打电话，对方会派人到现场，想办法修好汽车。如果修不好，就只能把汽车从道路上移开。这时，你就需要一辆救援卡车来把汽车拖走。

救援卡车上装有起重机，可以吊起小到迷你汽车，大到大客车的汽车，甚至还能吊起一辆卡车，而这取决于救援卡车的类型。

救援卡车上的起重机是一个尾端带有吊钩的杠杆。这个杠杆是一种可以提起重物的机械装置，由发动机控制。

哪种简单的机械装置可以帮助救援卡车完成工作？

答案：杠杆

杠杆是一个简单的机械装置，由一个支点、一个重物和一个作用力（推力或拉力）组成。在杠杆的一端施加作用力，可以抬起另一端的重物。支点离重物越近，抬起重物所需的作用力就越小。

杠杆分为三种类型，区分标准取决于支点的位置。控制起重机活动的是第三类杠杆。也就是说，支点位于一端，作用力施加在中间，重物位于另一端。

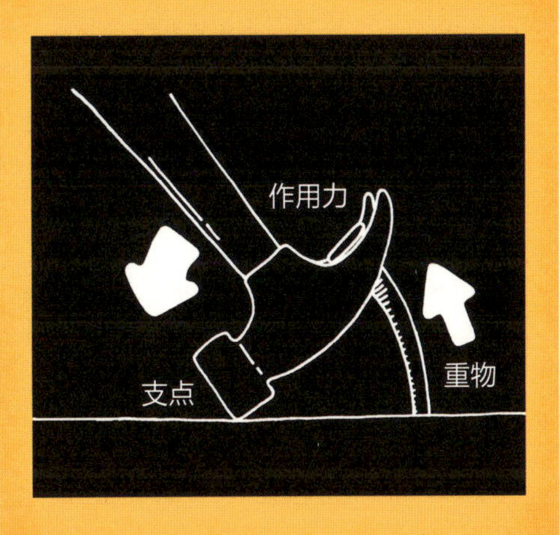

液压系统对杠杆中间施加作用力，以此抬起重物。这里的液压系统就是装在管子中的一个活塞，在液体变化的压力下，做往复运动。

救生艇

在大海上航行时，我们都会尽可能保证自己的安全。可不期而至的风暴可能给船体造成损害，甚至导致船体倾覆。这时，救生艇就会派上用场。

哪种气体能使救生艇保持直立的状态？

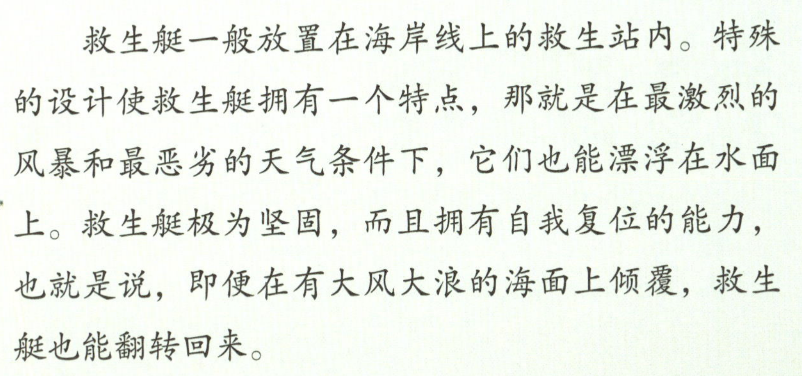

救生艇一般放置在海岸线上的救生站内。特殊的设计使救生艇拥有一个特点，那就是在最激烈的风暴和最恶劣的天气条件下，它们也能漂浮在水面上。救生艇极为坚固，而且拥有自我复位的能力，也就是说，即便在有大风大浪的海面上倾覆，救生艇也能翻转回来。

答案：二氧化碳

大部分具有自我复位能力的船只都配有气囊。气囊与一个装有二氧化碳气体的气瓶相连。

救生艇一旦翻倒就会启动触发装置，气囊立刻就被充气，让救生艇能够自我复位。

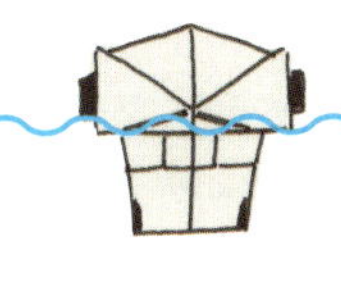

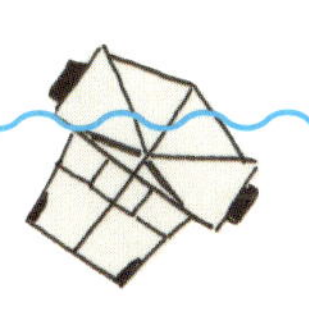

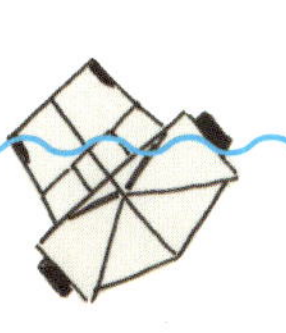

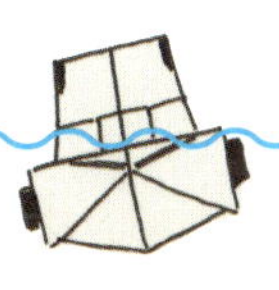

消防车

消防车是主要用于扑灭大火的机器。为了灭火，一些大型消防车最多可以在车后部储存4000升水。消防车还可以从其他来源吸取灭火所需的水，如从消防栓、游泳池等处吸水，甚至从湖中吸水。依靠液压装置，消防车可以将水通过坚固的管道输送到需要的地方。

是什么装置推动着水在消防车的管道中前进？

答案：液压装置

液压装置是利用帕斯卡定律，把一个很小的力变成一个很大的力的装置。

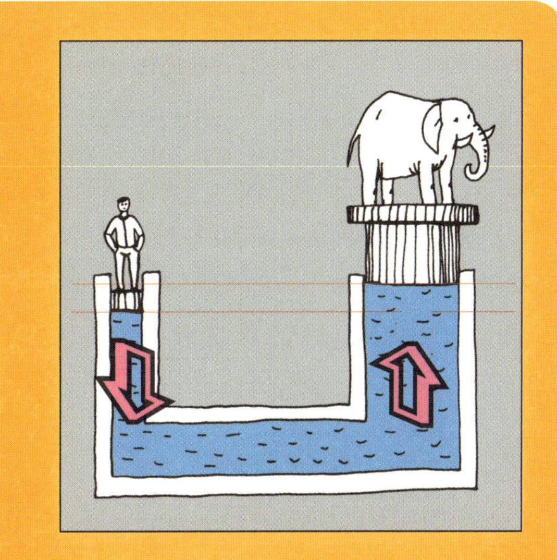

液压装置有两个液压缸——一个小液压缸和一个大液压缸。两个液压缸中都填满了液体，并由一根管道连接在一起。每个液压缸中都有一个可以上下活动的圆形活塞。

当作用力推动小液压缸里的活塞时，被挤压的液体就会流向大液压缸。由于大液压缸里的活塞面积更大，因此作用在活塞上的力也更大。

接下来，消防员将不同的水龙带对准着火点。将水喷出水管的，是一种特殊的水泵。水龙带喷出的水量由一系列杠杆和一个名叫泵浦控制阀的开关控制。

除了装有水，消防车还可以装载泡沫。一些泡沫可以用来灭火，还有一些泡沫可以用来覆盖物质表面以防复燃。

云梯车

云梯车之所以拥有这样的名字，是因为车上配有一套可以协助消防车工作的云梯系统。云梯车后部有一个驾驶室，一个人在这里可以操控后轮，这个人被称为舵盘司机。

云梯被固定在旋转台上，因此可以面向任何方向。云梯在空中一般可延伸至几十米，可保持65~70度的仰角。消防员可以带着水龙带爬上云梯，扑灭高层建筑的大火。

云梯属于哪种简单的机械装置？

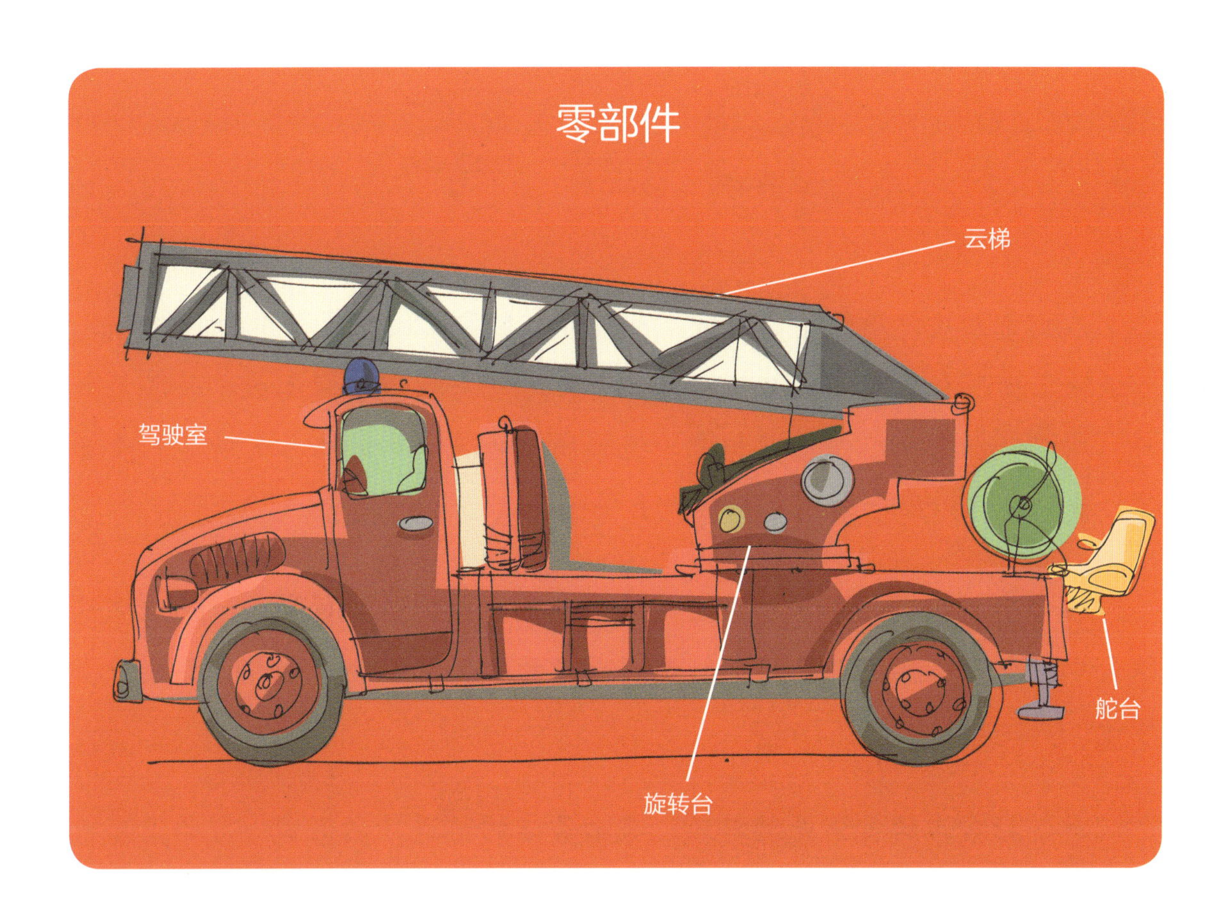

答案：斜面

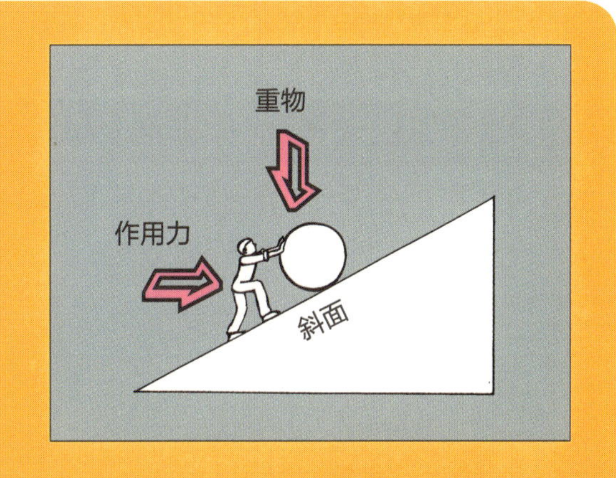

任何类型的斜坡，如活动坡道、一段楼梯或梯子，实际上都是斜面这种简单的机械设置。斜面可以减少爬坡或向上所需的作用力。

斜面在提升重物时用处非常大。有了斜面，我们不需要耗费大量力气将重物直接抬高，而是通过斜面将重物推到倾斜的坡道上，达到同样的高度。尽管距离更长，但所需的作用力却少了很多。

以斜面形式设计的道路会呈现一个长长的之字形缓慢地向上蜿蜒。尽管车辆的移动距离更长，但付出的努力会小很多。

扫雪车

我们都喜欢厚厚的蓬松的雪。我们可以在雪里玩耍，堆雪人或滑雪橇。可道路上出现积雪就不那么有趣了。下雪可能导致道路封闭数小时甚至数日，所以我们需要尽快清理积雪。能够高效地完成这种工作的就是扫雪车了。我们还可以给卡车或拖拉机配上铲子，改造成扫雪车。

扫雪车上装有一个铲子，它是一个非常简单的机械装置，只不过个头很大。这个铲子其实就是一个斜面，或者两个斜面组合在一起，变成一个楔子。

单铲扫雪车的雪铲是倾斜的，与扫雪车的前进方向形成一定的角度。楔形的雪铲将雪推向两边，效率更高，它就像斧头一样起到了分割的作用，能够更轻松地分开冰雪并把它们推向两边。

两个雪铲是哪种简单的机械装置？

答案：楔子

楔子是一种简单的机械装置，我们可以推动楔子来分割其他物体。剪刀的两个刀片就是楔子，当这两个刀片在纸片上紧紧贴合在一起时，剪刀就能剪开纸片。这就是切割。

斧头、刀、锯子都属于楔子。扫雪车上的雪铲也是楔子，我们用雪铲就可以推开冰雪。

潜水器

潜水器既可由潜水器里的小型团队操控，也可像机器人一样，由水面船只上的人进行远程控制。

当海底出现紧急情况时，如潜水艇遇到麻烦，或者需要寻找沉船的残骸，具有搜救功能的潜水器就会派上用场。

潜水器使用什么下潜和上浮呢？

答案：压载水舱

潜水器必须能在水中自由上浮、下潜。有些潜水器利用重物下潜，需要返回水面时再释放重物。

另外一些潜水器使用的则是压载水舱。根据上浮和下潜的不同需求，这些压载水舱可以分别填充空气和水。

需要下潜时，压载水舱的入水口会打开。随着压载水舱注满水，潜水器就会下潜。

需要上浮时，入水口关闭，储气罐中的气体就会被注入压载水舱，水被排出，潜水器就会上浮。

无人遥控潜水器（ROV）能够完成很多工作，如可确保潜水艇中的乘员在救援抵达前能够生存下去。这种潜水器可以提供额外的氧气，可以输送维持生命所需的物资，也可以移除潜水艇周围的碎石，或者调查周围的海底环境。如果潜水艇被渔网困住，我们可以用它剪开渔网。无人遥控潜水器还可以为进行救援任务的潜水员提供支持。

大型潜水器甚至能够将潜水艇里的所有乘员转移到水面上。潜水器里可以只有两名控制人员，更多的人在母船上工作。

重型救援车辆

重型救援车辆是装备齐全的大型救援卡车。之所以用“重型”这个名称，并不是因为车辆的尺寸很大，而是因为这种车辆可以完成很多工作，还装配了很多设备。

重型救援车辆常常用于消防救援，也可以在出现交通事故时将人们从受损车辆中救出。我们还可以用这种车辆营救倒塌建筑物中的受困人员，或者营救落入冰缝或坑洞里的人员。

多种救援设备以哪些机械装置为基础？

按照设计，重型救援车辆可以在几乎所有救援任务中使用。而为了完成救援任务，救援车辆上就需要配备多种救援工具。

切割工具包括大剪刀或楔子。打不开车门时，我们可以用这些工具切开汽车的金属车门。

撞锤或冲头的用途是打碎诸如汽车玻璃这样的东西，或者推开单靠手无法推动的重物。

扩张器是一种杠杆，用于撬开或者弯折物体。

像钢锯这种锯子可以切开金属物体，通常用于切割小物件。

钻的用途是钻入物体，或者移除螺钉。

千斤顶利用螺旋或液压来提升极重物体的高度。

答案：简单的机械装置

生活中有几种简单的机械装置，可以改变作用力的大小或方向。正是依靠这些机械装置，救援工具才能起到作用，让我们更顺利地完成救援任务。

他们分别是：

螺旋

螺旋的作用是钻孔。

杠杆

钳子就是利用了杠杆原理。

滑轮

滑轮可以提起重物。

斜面

斜面常用于提升重物，省力，但费距离。

楔子

所有切割刀片都会用上楔子。

大部分简单的工具都会拥有以上一个或多个功能。

山地救援车

山地救援团队总是面临多种突发事件。事故发生地可能位于很远的地方，地形复杂，环境恶劣，远离道路。因此，拥有一辆能将救援团队运送到目的地的特制四轮驱动车辆就至关重要了。这种车，就是山地救援车。

救援车辆依靠什么来征服复杂恶劣的地形?

山地救援车是一种配备了特制设备的全地形车，用于在山地执行救援任务。有的山地救援车的车头处配有绞车，可以将受困车辆拖出危险地带。山地救援车内还配有大量的救援工具，如真空夹板、特制担架等。

由于山地可能被积雪覆盖，或者崎岖颠簸，所以山地救援车必须配备雪地轮胎，以提高车辆在陡峭路段和冰雪路面上的抓地力。

在英国，出现这个警告标志时，就需要换上雪地轮胎。

四轮驱动提高了车辆的稳定性。可锁式差速器是车轴的组成部分，可将传动系统与车轮连接在一起，能减少一个车轮打滑或急速转向、而其他车轮没有移动的情况发生。

答案：四轮驱动

大多数汽车都是两轮驱动。也就是说，发动机只与两个前轮或两个后轮连接在一起。

然而，为越野而设计的汽车通常都是四轮驱动，即发动机可以驱动全部四个车轮。这种设计可以让汽车拥有更大的牵引力和抓地力。

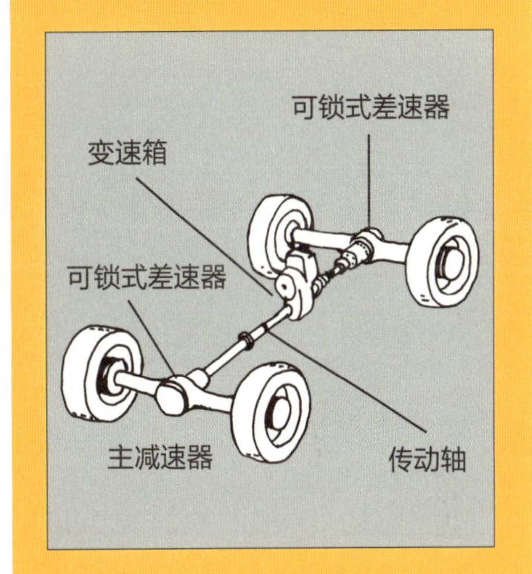

有些汽车是永久性四轮驱动，即四轮驱动系统时刻保持运转。有些汽车则配有切换组件，可以在路况变糟时将两轮驱动变为四轮驱动。

警车

警车的作用并不只是追赶坏人，还可以参与救援行动。警笛和警灯这样简单的工具就能让警车在拥挤的车流中穿行，迅速抵达现场。假如正驶向事故现场或抢劫案发生地，或者追逐另一辆高速行驶的车辆，那么警车的速度可就是至关重要的了。这时，驾驶员需要在狭窄的街道和拥挤的车流中穿梭，时不时还需要急转弯。

警车配有助力转向装置，这种装置一般受液压系统控制。液压系统通过挤压管道中的液体，推动液压缸中的活塞上下运动，从而使汽车改变行驶方向。

警车能实现急转弯依靠的是什么装置？

有些汽车使用电动机协助驾驶员驾驶。传感器可以探查转向柱的位置和所需的转向力；计算机接收并传递这些信息后会对电动机做出调整；电动机随后对转向器或转向柱进行改变。

警察骑着平衡车在城市里巡逻。

警车可能配备电子设备，如雷达测速仪，以达到减少一般司机驾驶超速的行为。

答案：转向装置

高速行驶的车辆需要优秀的转向装置，才能在狭窄的街道与拥挤的车流中自如行进。事实上，转向装置在任何交通工具中都是重要的组成部分。

大部分汽车靠前轮转向。前轮与一个被称为“转向横拉杆”的长杆连在一起。汽车的转向柱把转向横拉杆与方向盘连接在一起。

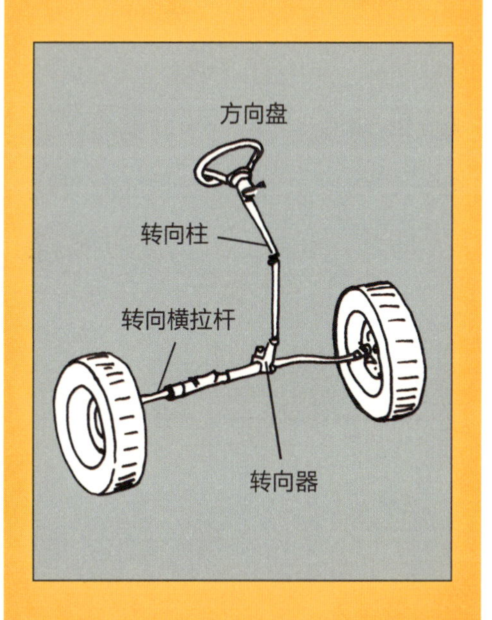

转动方向盘时，转向柱底部的一个小齿轮就会跟着转动，这就是转向器。转向器会推动转向横拉杆横向移动，从而改变车轮的方向。

救援直升机

假设某个地方发生了意外事故，我们需要尽快将伤者送到医院。通过道路运输可能耗时过长，此时如果派一架救援直升机到现场，将能最大限度地帮助伤者生存下去。救援直升机可以应用在不同场景中：遇到交通事故时我们可以派出救援直升机；有船只在海上遇险时，如果救援船难以抵达遇险地点救助沉船或落水人员，我们也可以派出救援直升机。

直升机依靠什么在天空中盘旋？

直升机的螺旋桨桨叶被称为旋翼。直升机依靠旋翼升上天空，并且在空中盘旋。

绞车是直升机上最有用的设备之一。绞车配备了强度极高的绳索，可以从直升机上投向需要救援的地方。下方的人员系上绳索后被绞车拉入直升机，最后送到安全的地方。

答案：螺旋桨

直升机依靠螺旋桨的旋转提供动力。双叶螺旋桨就像两个又长又薄的翅膀一样连在一起。螺旋桨的桨叶呈弓形，即上表面为弧形，而下表面几乎是平直的。

螺旋桨一般通过连杆直接与发动机相连。发动机转动就会导致连杆转动，从而带动螺旋桨快速转动。

桨叶略微扭曲。桨叶转动时会迫使空气向下运动，飞机因此被向上推动。这个向上的作用力就是升力。

救援气垫船

想要营救一个在湍急的河流、沼泽、冰冻的湖面或者在下着大雪或泥泞的环境中遇险的人，我们需要一艘救援气垫船。这是因为，有了气垫，气垫船可以在水面、冰雪或者泥沼上自如行动。

哪种作用力能让救援气垫船离开地面？

气垫船可以在地面、水面和冰面上快速移动。加速向前时，气垫船上方的风扇会吸入空气。船底是由橡胶做成的气室，起到了缓冲作用。气室中的空气被压缩，产生高压，由于无法离开气室，就会托起船体向上，使得船体在行驶时可以轻轻擦过地面、冰面或水面。根据所在表面的不同类型，气室的底部可以抬起或放下，从而帮助气垫船保持平稳。

气垫船不仅可以用于紧急救援，还可以用作警用装备。图中的气垫船正在一条河中巡逻。

答案：气压

我们看不见它，可是在起风的时候，我们却能感觉到它，它就是空气。我们身边到处都是空气。大气层围绕着我们的地球，它的厚度大约有1000千米。

大气由多种气体组成，自身拥有重量，也会占据空间。大气对我们施加向下的压力，这就是气压。我们通常不会感受到施加在身上的气压，这是因为我们体内也有等大小的力，跟它保持平衡。

降落伞

地球上经常会发生自然灾害，如地震、干旱等。受灾地区的人们饱受折磨，他们急需水、食物、帐篷和被褥之类的生活必需品。我们有时很难通过公路抵达受灾地区，但可以使用空投物资的方式进行救援，就是通过降落伞来投放物品。

是什么力量让降落伞平稳落到地面？

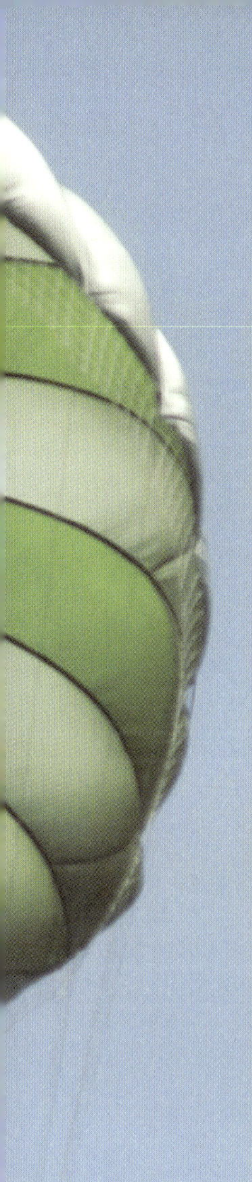

答案：阻力

物体在空气中移动时会受到阻力，比如降落伞在空中下降。阻力会减慢物体的运动速度。阻力是一种摩擦力，彼此接触的物体相互运动时会产生阻力。

由于地球的吸引而使地面上的物体受到的力，叫作重力。重力是地球引力的一个分力，而引力是将物体彼此拉近的一种力。引力的大小取决于物体的质量和彼此之间的距离。

没有降落伞，物品就会在重力的作用下加速落到地面上，从而造成损坏。降落伞就像一个打开的巨大口袋，用柔软而轻质的纤维（通常是尼龙）制成。大口袋上的绳连接着需要降落到地面的人或物体。大口袋下降时会像气球一样被气体填充，而这就产生了阻力，从而减慢下降速度。有了降落伞，货物落到地面的过程就能变得缓和。

担架

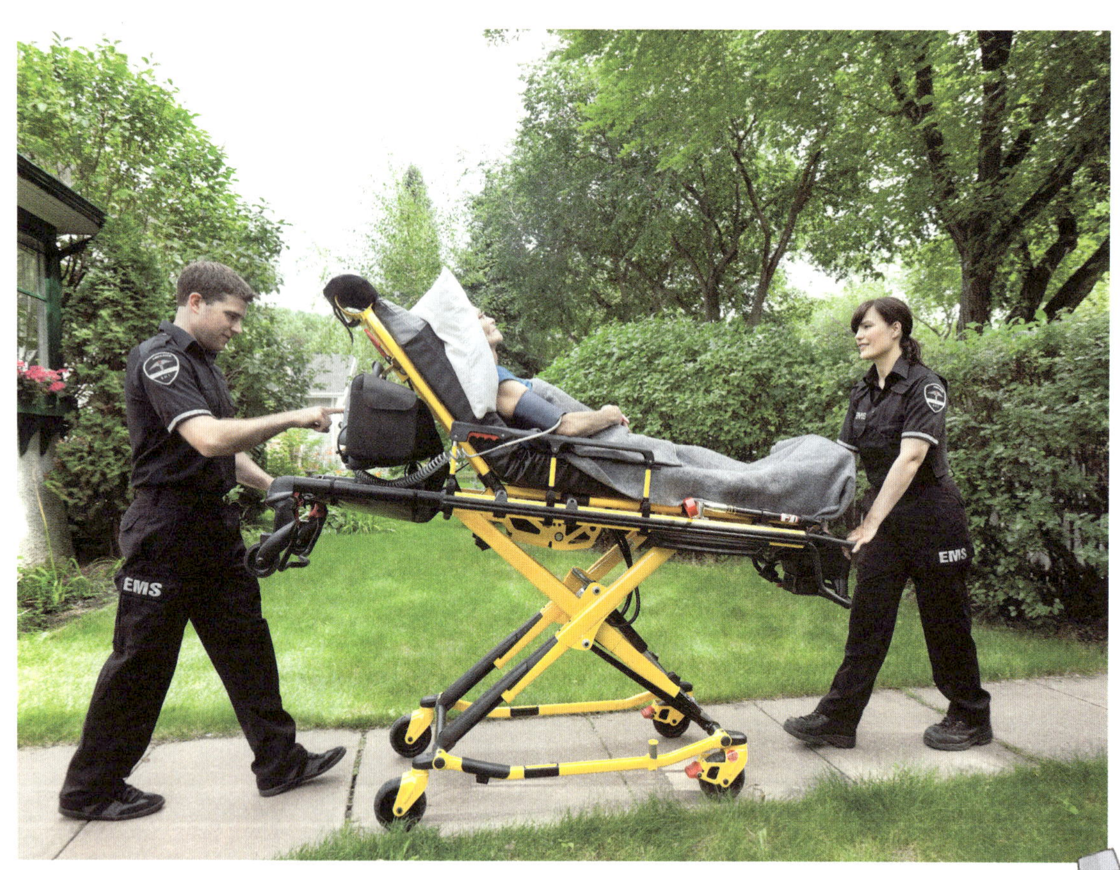

现代担架其实是一种交通工具，尽管它看上去一点儿都不像。我们推动着担架在不同地点之间转移受伤人员。尽管担架的速度并不快，但它确实是一种高科技机械装置。担架是任何救援团队必备的装备之一，它的用途是让躺在上面的伤者不会继续受伤。

担架使用了哪种简单的机械装置？

现代救护车里配备的担架都有轮子，所以即便地形复杂，救护人员也能轻松地控制好担架。总的来说，现代的担架是一张放在轻质框架上的床，框架的高度可以调整。我们还可以折叠担架。这些通常是靠液压系统完成的，也就是依靠液体（如油）推动液压缸中的活塞移动完成的。担架上的脚踏板相当于液压千斤顶，通过液压泵来抬高或降低担架框架的高度。

进入救护车后，担架会固定在一个位置上，以避免移动。我们可以提起担架上的安全护栏，并可以用绑带将病人固定在担架上。

零部件

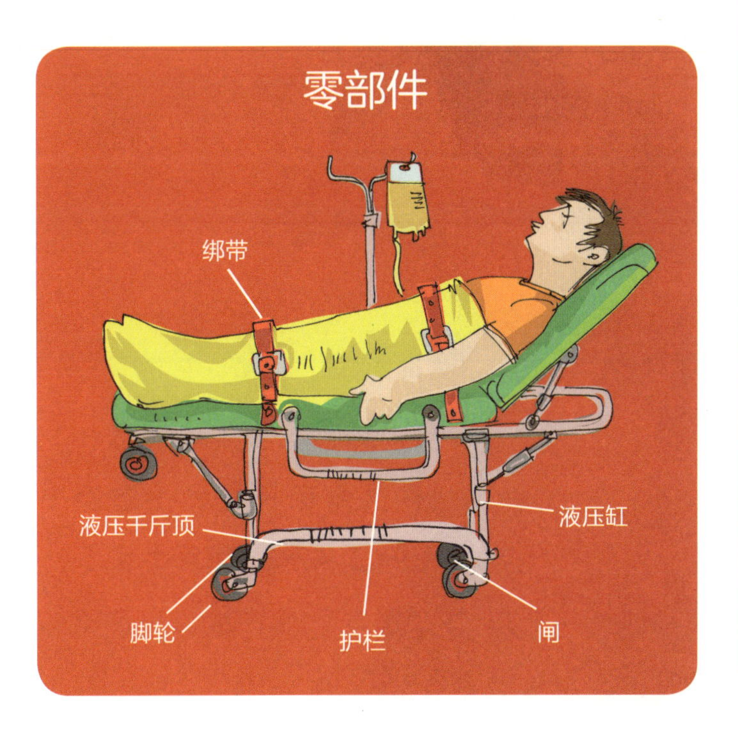

答案：轮子

轮子是一种简单的机械装置，它的中心有孔，轴从这个孔中穿过。轮子通过轴与担架框架连接在一起，这种装置能够帮助担架移动，并有效减少担架前进受到的阻力。

如今，这种简单的机械装置在不同领域得到了应用，从陆地上的汽车到天上的直升机，从缝纫机到救护车担架。轮子有的单独使用，更多的则是成对使用。如车辆上的轮子，当两个轮子分别与车轴两端连在一起时，就能以这个简单的机械装置为基础做成一辆小车或其他交通工具了。

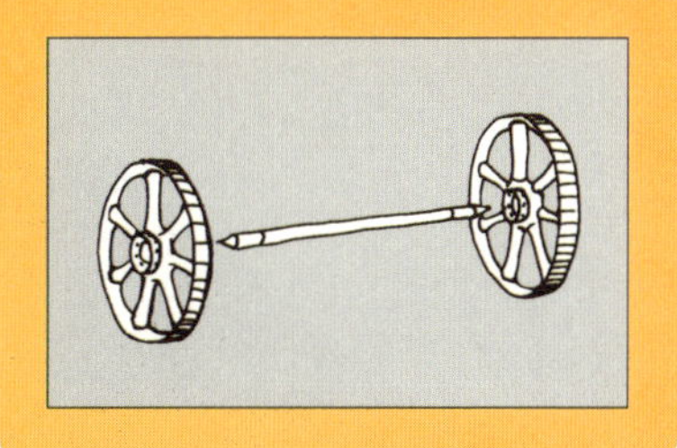

座椅升降机

对一些人来说，上下楼梯是件极其困难的事。老年人和腿部有伤的人需要特殊帮助，他们可能需要在楼梯上安装座椅升降机。

座椅升降机靠什么使座椅上升？

座椅升降机是一种能够帮助人们上下楼梯的机器。座椅通过连接在楼梯或墙上的轨道上下移动。座椅永远与地面保持水平；到达这段楼梯顶部后，座椅会自动转向落地区域。

现代座椅升降机均使用可反复充电的电池。这意味着即便停电了，也能正常使用座椅升降机。

座椅之所以能移动，靠的是齿轮的轮齿与轨道上的齿条啮合传动。人们可以用设置在座椅扶手上的控制器控制座椅升降机。

零部件

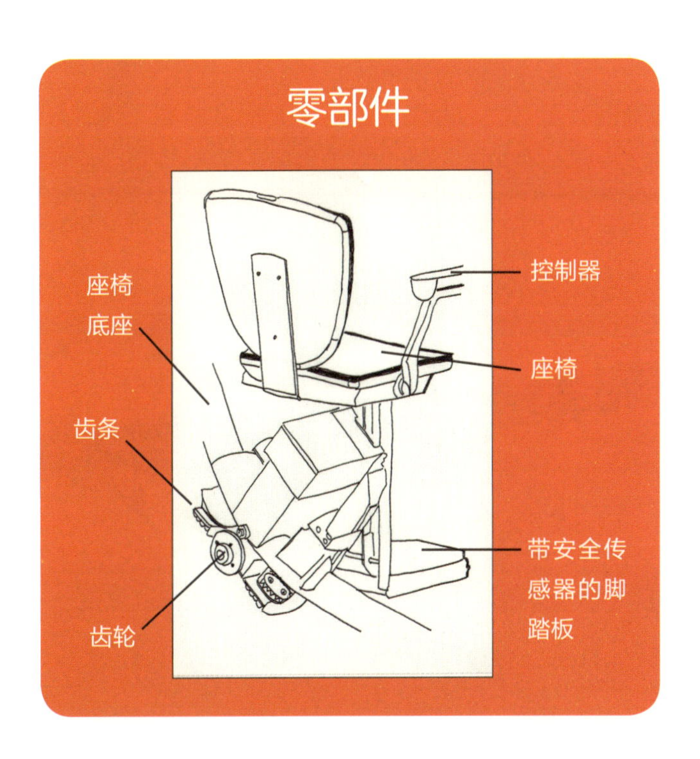

答案：齿轮齿条

座椅升降机使用齿轮齿条传动装置。齿条是一条带齿的笔直轨道，齿轮是圆形的机械元件。

启动电动机后，圆形齿轮开始转动，齿轮上的轮齿就会与齿条啮合传动。转动的齿轮带动轨道上的齿条朝一个方向运动。电动机向相反方向转动时，齿条也会向相反的方向运动，从而实现升降。

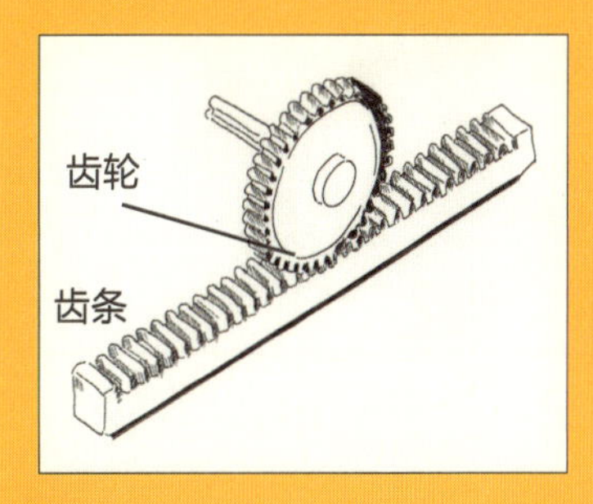

乘飞机出诊的医生

全世界著名的乘飞机出诊业务出现在澳大利亚，“皇家飞行医生服务队”(Royal Flying Doctor Service)的大本营就在那里。这项服务将飞机、医疗科技与通信技术结合在一起，为澳大利亚各地有需求的人们提供帮助。不过这项服务最突出的特点，还是为缺少医生和医院的偏远地区提供服务。这项服务使用的大部分飞机是涡轮螺旋桨飞机，也就是发动机推动螺旋桨转动，从而为飞机提供动力。

简写为 RFDS 的皇家飞行医生服务队随时能为需要紧急医疗服务的重病人或受伤人员提供帮助。飞机的机舱里设有担架床和供医务人员使用的座位。

机翼如何帮助飞机在空中飞翔？

答案：翼型

不管是大型客机还是小型涡轮螺旋桨飞机，它们的机翼起到的作用完全相同。机翼的上表面为弧形，下表面则是平面。

机翼上方空气的流动速度比下方更快。

空气流动速度越快，气压就越低。

机翼下方的空气流动速度较慢。产生了更大的压强，从而推动飞机上升。

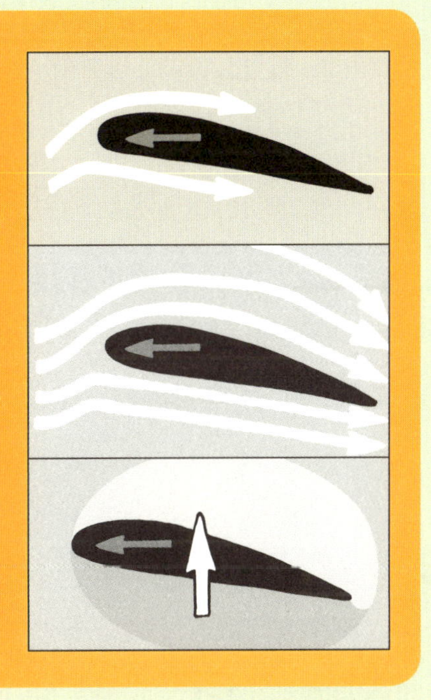

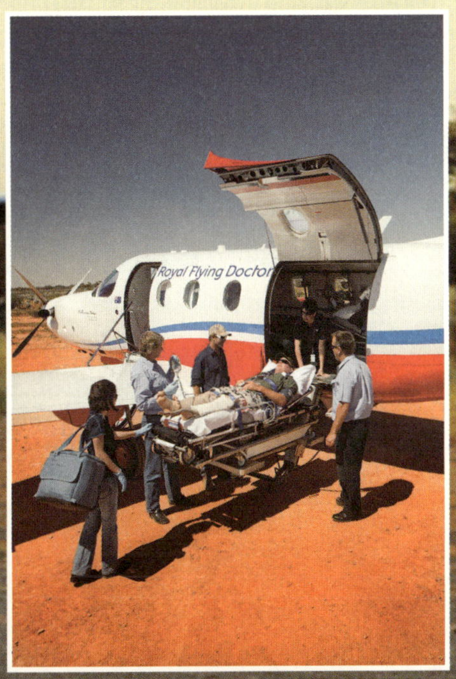

平板卡车

如果小汽车或轻型厢式车发生车祸，我们就需要把这些车从车祸现场移至车库或废弃场。而这样的任务一般由平板卡车来完成。平板卡车的驾驶室后方有一块平整的托板。这个托板既可以是固定的，也就是与卡车前部相连，也可以是铰接式的，这意味着托板部分可以与驾驶室分离。

为什么平板卡车停下来，上面的小汽车还会继续移动？

平板卡车的拖车部分既没有护栏也没有车顶，这意味着装卸物体会变得更简单、更迅速。但是装载的物体必须牢固地绑在托板上，尤其是小汽车。如果没有固定好，就会导致物体在卡车减速时继续移动。

答案：惯性

所有物体都具有惯性，一个移动的物体只有受到外力作用才能停下来。比如，接球时相当于我们对球施加了一个阻力，球停止移动。与此同时，接到球时，我们的手掌会发生移动。

如果拖车上的小汽车没有固定好，那么即便卡车停止移动，惯性也会让小汽车继续运动。

电动轮椅

电动轮椅能让因伤病而无法行走的人在无须他人帮助下自由行动。轮椅很早就出现了，可大部分轮椅需要人力推动才能移动。必须有一个人提供能量，才能让轮椅移动。电动轮椅不再使用人力，而是使用了电池。电池释放的电能为一个小电动机提供动力，每天晚上只需要把充电插头连接到电源插座就可以为电池充电了。

是什么为电动轮椅的移动提供了能量？

答案：电池

电能是一种可以储存的能量形式。我们可以将电能储存在电池中，需要时再使用。比方说，打开手电筒开关时，电流就会从电池中流出，经过并点亮手电筒里的灯泡，再流回电池。

普通干电池有一个金属锌做的外壳，内部有一根碳棒。电池两端的固体是正极和负极；中间是可以导电的化学液体或黏稠物，这些被称为电解质。接通电路时，电子就会从电池的负极经过电动机流向正极，形成电流（电流运动方向与电子运动方向相反）。

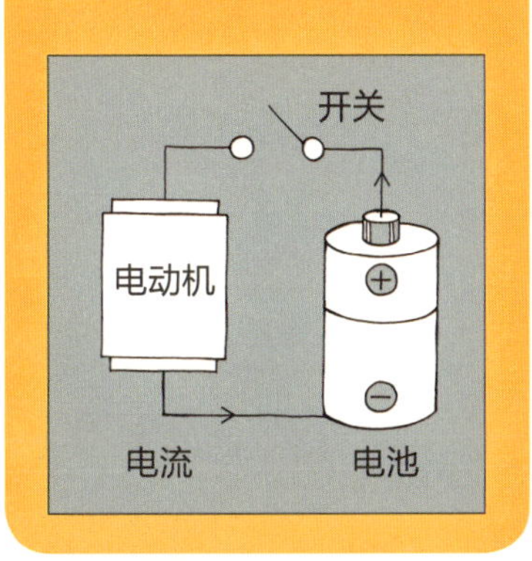

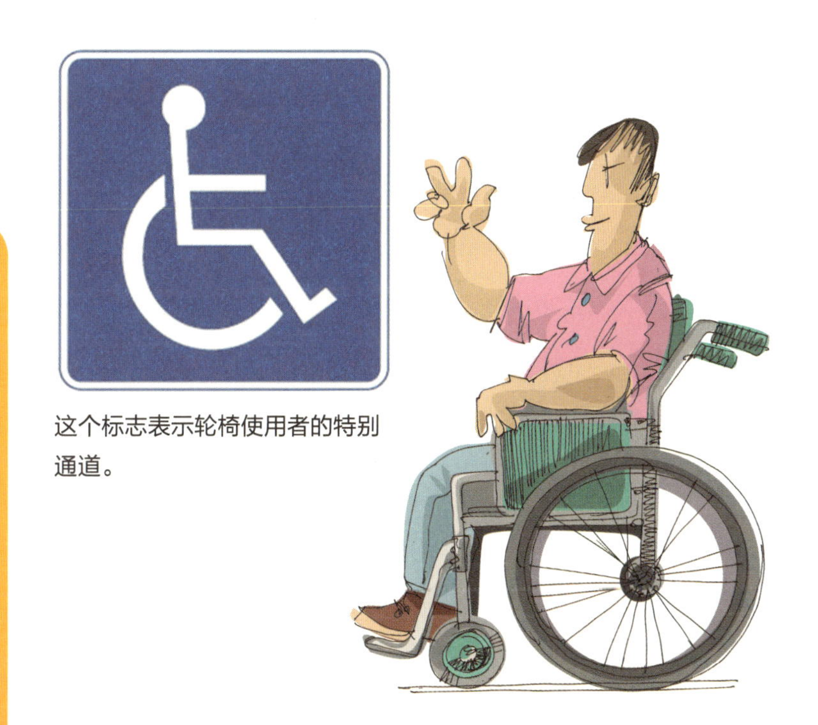

这个标志表示轮椅使用者的特别通道。

使用者通过扶手上的一个小控制杆控制轮椅。如果因为受伤无法用手控制，市面上也有用头和用下巴操控的轮椅。

零部件

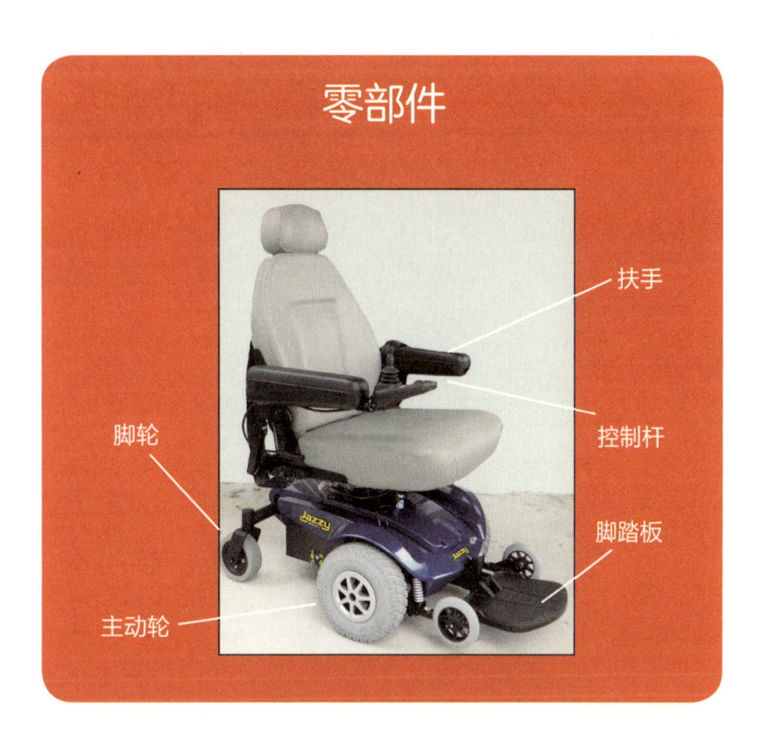

救援用平底雪橇

有人在冰天雪地里受伤时，救护车并不一定是合适的选择。我们需要能够应对冰雪环境的交通工具，救援用平底雪橇就是常见的选择。它在积雪又深又松软的地方尤其适用。这种雪橇通常由配备宽大履带或雪板的雪地摩托车拉动。

是什么让救援雪地摩托车如此高效？

答案：抓地力

抓地力描述的是一个物体附着于地面的能力。粗糙的表面可使物体具有较强的抓地力。想在光滑的表面上行进，需要提高物体的抓地力。

我们可以通过增加接触表面的粗糙程度来实现以上目的。宽大的履带上装有嵌钉，使得表面更加粗糙，因此在雪地上能获得更强的抓地力。

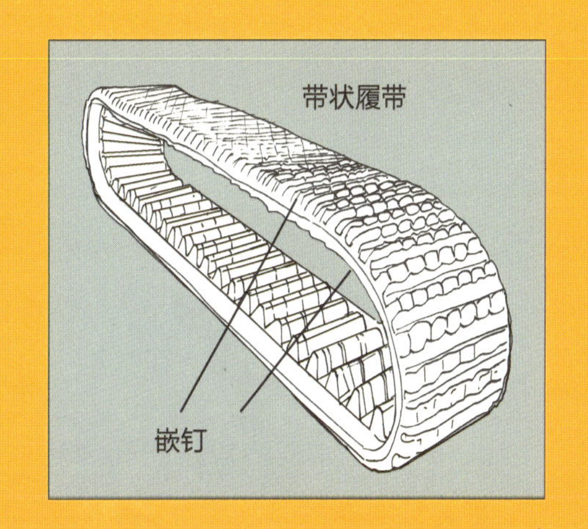

救援雪橇一般由一种强度极高的聚乙烯塑料制成。在它上面加上顶棚后，雪橇就可以打开或关闭了。负责拉动雪橇的雪地摩托车必须拥有足够强的抓地力，才能拉动载有一两个人的雪橇。

零部件

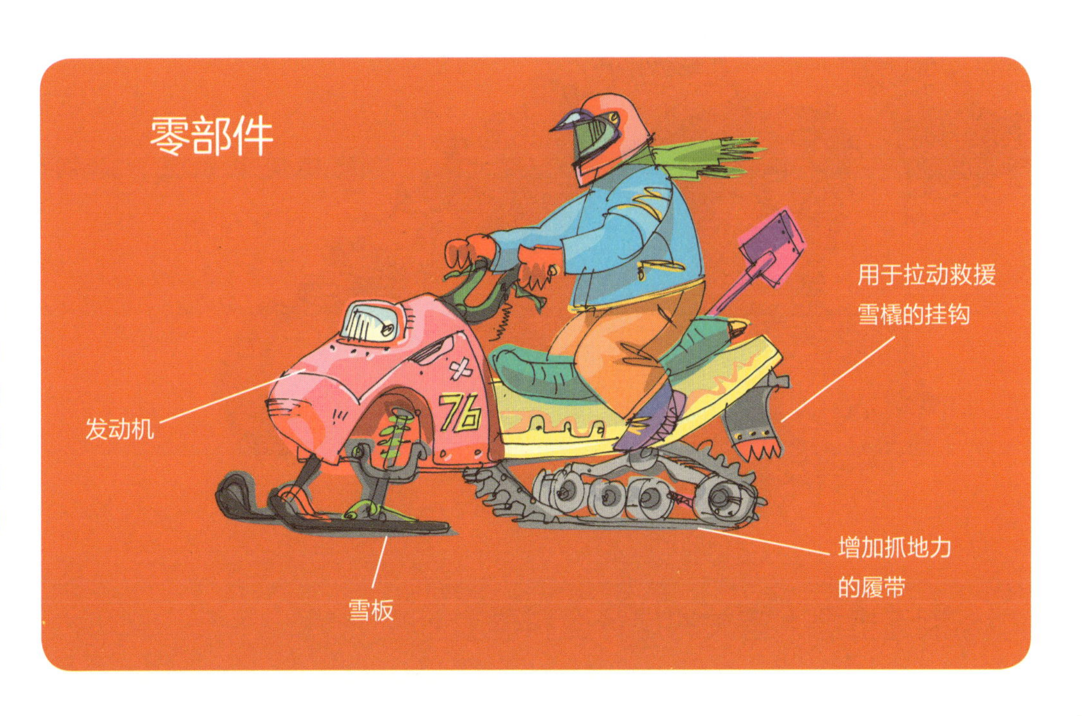

机器人

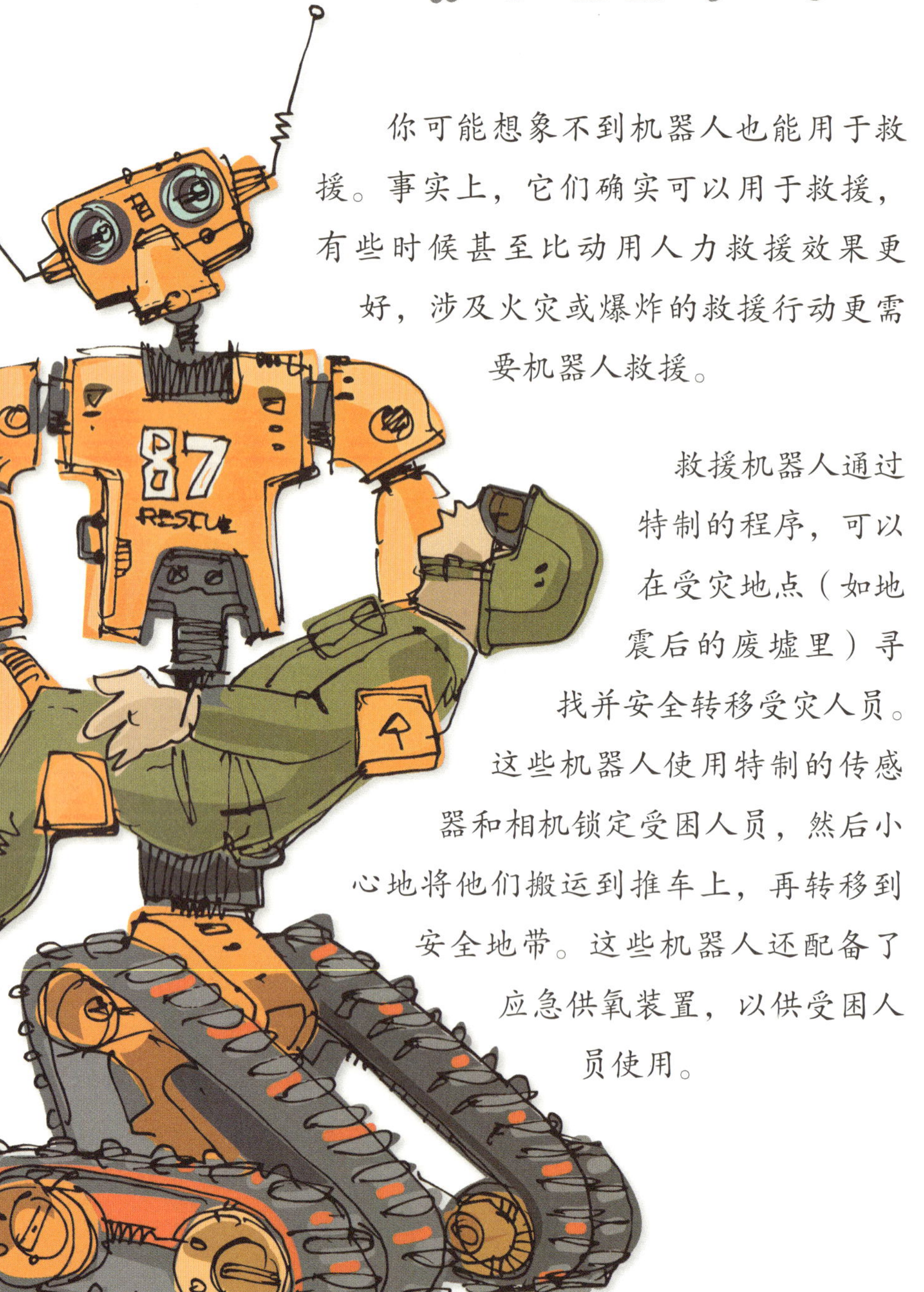

你可能想象不到机器人也能用于救援。事实上，它们确实可以用于救援，有些时候甚至比动用人力救援效果更好，涉及火灾或爆炸的救援行动更需要机器人救援。

救援机器人通过特制的程序，可以在受灾地点（如地震后的废墟里）寻找并安全转移受灾人员。这些机器人使用特制的传感器和相机锁定受困人员，然后小心地将他们搬运到推车上，再转移到安全地带。这些机器人还配备了应急供氧装置，以供受困人员使用。

与制造机器人有关的是什么科学？

无人机可用于勘察野外地区。

机器人并非只能在地面行动，它们也能飞上天空。空中机器人一般被称为“无人机”。我们既可以用无人机绘制地图、搜寻及勘察，也可以用无人机在不同地点间运输物品。

所有机器人均配有在电路板上编程的代码。

答案：机器人学

机器人学指的是制造能够做人类工作的机器的学科。在制造机器人的过程中，我们会使用多种工程技术。

所有机器人都需要电来提供动力，它们都带有电池。此外，所有机器人均含有计算机编程代码，它将决定机器人如何行动，在什么时候行动。

按程序类型可以把机器人分为三种形式，分别是：远程控制式、人工智能式和混合式。

远程控制机器人拥有预先设定的技能，可以在控制员下达指令后完成工作。

人工智能机器人在面对不同环境时，能自主做出反应。

混合式机器人拥有以上两种能力。

术语表

滑轮

滑轮是带有沟槽的轮子，绳索嵌在沟槽中可以让我们更轻松地提起重物。

履带

履带是围绕在拖拉机、坦克等车轮上的钢质链带，由两个或更多轮子驱动。

摩擦力

摩擦力是指两个相互接触的物体，当有相对运动或有相对运动趋势时，在接触面上产生的阻碍运动的作用力。

能量

能量是指物体做功的能力大小，可分为动能、势能、热能、电能、光能、化学能、核能等。一种能量形式可以转换为另一种能量形式。

平衡

平衡是指几个力同时作用在一个物体上，各个力互相抵消，物体保持相对静止状态、匀速直线运动状态或绕轴匀速转动状态。

楔子

楔子由两个斜面组合而成，可以产生切割作用力。

压载水舱

压载水舱是潜水艇或潜水器内部的一个舱室，可以注入水、空气或特殊气体来改变重量，从而控制潜水艇或潜水器上浮和下潜。

转向横拉杆

转向横拉杆是一个与汽车的车轮和转向柱连接在一起的控制杆，通过转动方向盘就能让车辆转弯。

阻力

阻力是一种妨碍物体运动的作用力。

作用力

作用力是作用于物体上的力，一般指两物体间通过不同形式发生相互作用而产生的力。相互作用包括相互吸引、相互运动、形变等。

涂一涂画一画

运转的秘密

带炫酷装备去运动

[英] 格里·贝利（Gerry Bailey） 著
[英] 伊拉鲁（Iralu） 绘
傅婧瑛 译

机械工业出版社
CHINA MACHINE PRESS

体育运动在我们的生活中无处不在，竞技比赛和日常锻炼中都会涉及大量的机械装置，它们会被用在陆地上，也会被用在水上甚至是空中。让我们穿上冰鞋、踏上滑板、开上沙滩艇一起去运动吧！

本书从物理和工程的角度对隐藏在这些炫酷装备背后的科学原理和工程特点做了介绍，向读者展示了它们在工作中的用途及自身运转的奥秘和原理，以充分激发读者对科学原理的兴趣与探索，培养和提升他们的科学素养和科学思维。本书适合青少年自主阅读和低年龄段的亲子共读。

图书在版编目（CIP）数据

运转的秘密. 6，带炫酷装备去运动 /（英）格里·贝利（Gerry Bailey）著；傅婧瑛译. — 北京：机械工业出版社，2021.11（2024.6重印）
书名原文：SCIENCE IN ACTION: Sport
ISBN 978-7-111-69201-0

Ⅰ. ①运… Ⅱ. ①格… ②傅… Ⅲ. ①科学知识-少儿读物 Ⅳ. ①Z228.1

中国版本图书馆CIP数据核字（2021）第193672号

机械工业出版社（北京市百万庄大街22号　邮政编码100037）
策划编辑：卢婉冬　　责任编辑：卢婉冬
责任校对：张　力　　责任印制：常天培
北京宝隆世纪印刷有限公司印刷

2024年6月第1版·第2次印刷
184mm×260mm·3印张·35千字
标准书号：ISBN 978-7-111-69201-0
定价：199.00元（共7册）

电话服务
客服电话：010-88361066
010-88379833
010-68326294
封底无防伪标均为盗版

网络服务
机　工　官　网：www. cmpbook. com
机　工　官　博：weibo. com/cmp1952
金　　书　　网：www. golden-book. com
机工教育服务网：www. cmpedu. com

写在前面的话

体育运动有可能涉及大量的机械装置。总的来说，运动器械一般设计为供一两个人使用。不论在陆地、水上还是空中，均有可供我们使用的运动器械。

有些运动器械是非常简单的机械装置，如冰鞋上的冰刀；有些则较为复杂，如超轻型飞机。但操作所有运动器械均需要能量和动力。这些机械装置使用的能量可以是来自人类身体的力量；也可以是化学能，如源自化石燃料的汽油；还可以是空气动力。

现在，就让我们深入了解这些能让我们享受体育乐趣的器械和其中蕴含的科学知识吧！

目录

冰鞋

冰球是一项速度极快的运动。

冰鞋上的冰刀属于哪种简单的机械装置？

滑冰者以闪电般的速度驰骋于冰面。这些冰球运动员穿着的冰鞋，除了让他们能够以极快的速度滑行在光滑的冰面上，还能让他们抓住冰面，然后进行转弯和停止。

不同的体育项目使用的冰鞋各有特点。冰球运动员的冰刀略有弯曲，这种设计能让冰鞋具有更好的转弯性能。速度滑冰运动员的冰刀非常长，这让他们能最大限度地提高速度。而花样滑冰运动员的冰刀则拥有锯齿状的“刀尖”，这样的刀尖能嵌入冰面，从而帮助运动员跳跃并做出复杂的脚部动作。

答案：楔子

冰鞋上的冰刀是一种楔子。我们可以推动楔子来分割其他物体。剪刀的两个刀片就是楔子。当这两个刀片在纸片上紧紧贴合在一起时，剪刀就能剪开纸片。这就是切割。

锯子和犁都属于楔子。锯子由一排被称为锯齿的楔子组成。犁的铲子即是锋利的楔子，可以剖开并翻整土地。

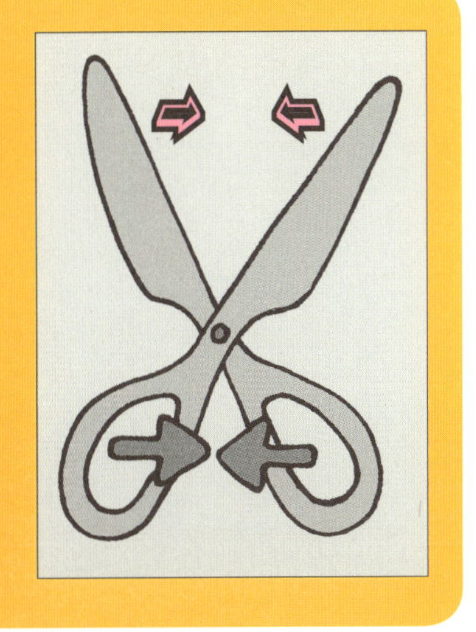

帆船

帆船依靠风力在水中移动。在风的推动下，风帆可以从桅杆的一边移动到另一边。这种运动使风帆能够捕捉到风，即便风不直接来自船的正后方。

什么作用力能够推动帆船前进?

帆船拥有流线型的船体。正是这种流线型的设计，才能让帆船在水中乘风破浪。V 型的船头使得帆船即便迎着水流也能行动自如。有些船被称为“双体船”，是并排有两个船体。

附在水下与船体等长的部分，是一条如鱼鳍一样的龙骨。龙骨能够提高帆船的稳定性，即便面对侧面来风也能让船向前行进。

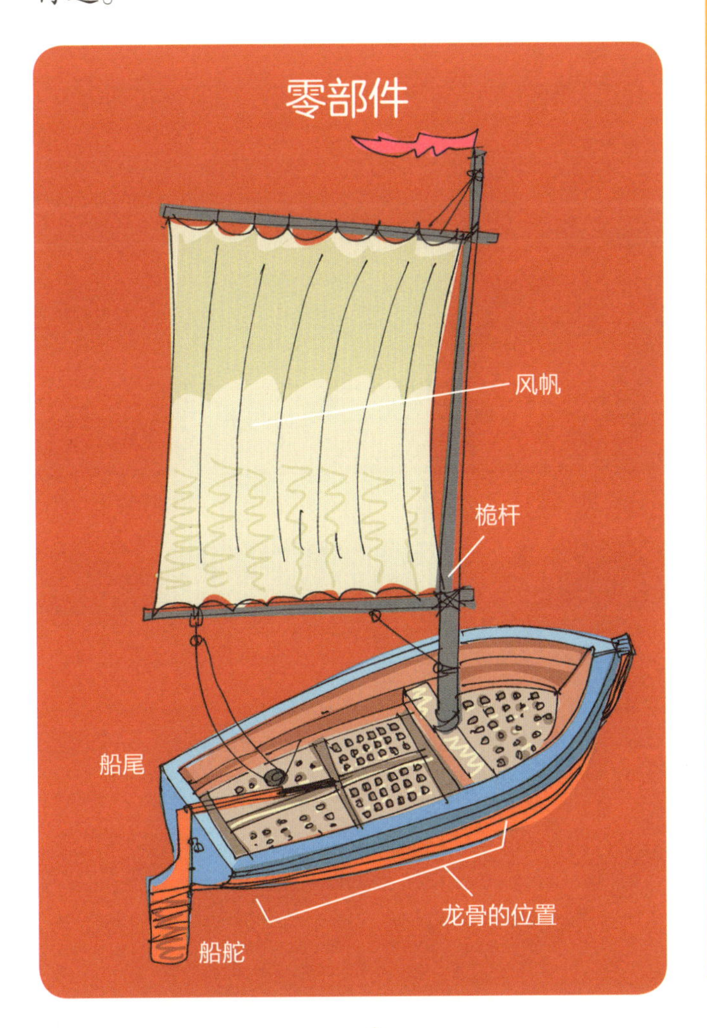

答案：风力

地球的大气运动为帆船提供了动力。我们把这种运动称为“风”，它可以极为强劲。当风推动风帆时，就能产生足够的力量，推动船只前进。

风之所以会出现，是空气被太阳加热后，开始从地面和海面向上运动。随着空气不断在大气层中上升，其温度会不断降低。冷空气比热空气重，因此一旦温度降低，空气就会再次向下落到地面。热空气与冷空气的循环运动产生了风。

帆板

什么帮助帆板向前移动?

帆板是一项人气很高的运动，因为它将在冲浪板上保持平衡的刺激感与控制风帆结合在了一起。帆板运动员利用风和移动的海水的力量，在海面上乘风破浪。

帆板的冲浪板由塑料和玻璃钢制成，玻璃钢是一种特殊的塑料，可以略微弯曲。帆板上的人利用自身的重量以及改变风帆的位置来控制帆板。这是一个需要仔细协调的过程，因为控制帆板的人的体重必须要与风的重量（或者说推力）保持一致。平衡这两种作用力的难度很高，既需要技术又需要力量。

零部件

答案：风帆

风帆的形状是推动帆板在水中前进的重要原因。风帆的中部略微凸起，弧形外侧比内侧略长。沿着较长一侧运动的风，必须以更快的速度运动，才能与沿着内侧运动的风汇合。

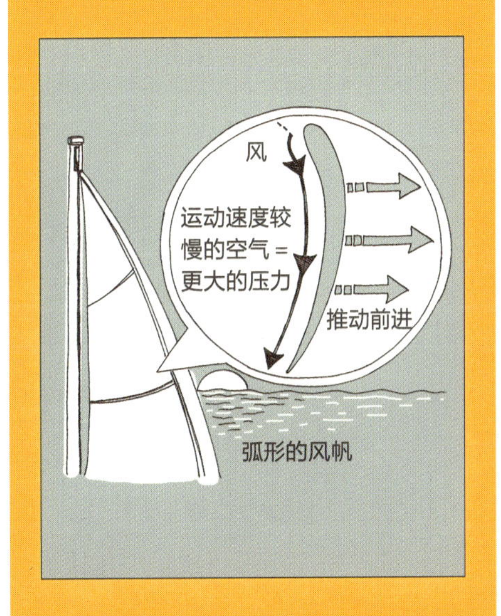

空气运动速度越快，意味着压力（或者说推力）越小。空气运动速度越慢，则压力越大。也就是说，风帆内侧的空气压力更大，从而推动帆板前进。

滑板

滑板是一项任何人随时随地都能享受的运动。我们既可以在路面上，也可以在专门的滑板公园里滑滑板。有些人还可以用滑板做出各种特技动作，如豚跳和翻板。

但是，滑板运动也具有一定的危险性，因此做好安全防护是非常重要的。地面可能很粗糙，而且总是很硬，所以滑板运动员应当在做跳跃和特技动作的时候，佩戴头盔、护膝和护肘。防护牙套也不失为是一个好的选择，可以在运动员摔倒时保护他们的牙齿。

滑板的板面能弯曲，板面要具备什么特性？

不同类型的滑板分别用于不同类型的地面。如山地滑板，不仅板面长，而且胎面上有很多凸起。

滑板的板面——也就是人站的地方——一般由枫木制成，因为它容易弯曲，具有柔韧性。

答案：弹性

滑板的板面必须具有良好的弹性。也就是说，板面即便弯曲了，也能反弹并恢复原状。所谓的弹性指的是物质被拉伸后能够恢复原始状态的能力。被施加在物质上的作用力就是“压力”。每种物质只能承受一定程度的压力，直至达到弹性极限。达到弹性极限后，物质就不再恢复原状，而是保持弯曲状态。

一种物质（如橡胶）被挤压后弹回原始状态，产生的能量是以前的两倍。

滑雪

怎么能让滑雪者快速而平稳地滑行？

滑雪板又窄又长，可以固定在特制的靴子上，帮助人们在雪上轻松移动。滑雪板一般由木板、碳纤维、凯夫拉纤维（一种合成塑料）或者铝制成。滑雪者可以踏上滑雪板快速向下滑行，这样的比赛既可以是高山滑降赛，也可以是需要穿过旗门的回转比赛。而越野滑雪中使用的是更短、更窄的滑雪板。

滑雪板的底面通常涂有蜡，以此提高滑行速度。滑雪时，左右手分别持滑雪杖，用以保持平衡。普通的滑雪杖是笔直的，但滑雪运动员使用的是有弧度的专业滑雪杖。这种滑雪杖夹在身体两侧，可以形成更符合空气动力学的，或者说更具流线型的状态。

答案：保持平衡

滑雪者必须不断调整自身的平衡，以应对移动过程中来自不同方向的推力或拉力。也就是说，滑雪者需要保持平衡状态。

如果一个力作用于物体上，而物体没有移动，那就意味着另有来自其他方向的力同样作用于物体上。两个大小相等、方向相反的力会互相抵消。滑雪者通过移动身体以及改变滑雪板插入雪中的角度，来抵消施加于身体上的推力和拉力。

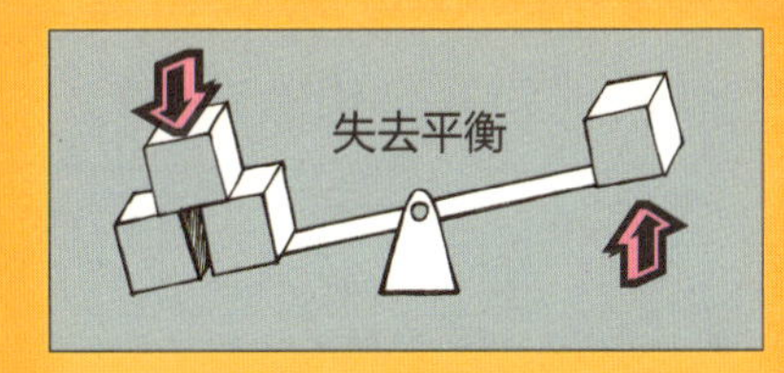

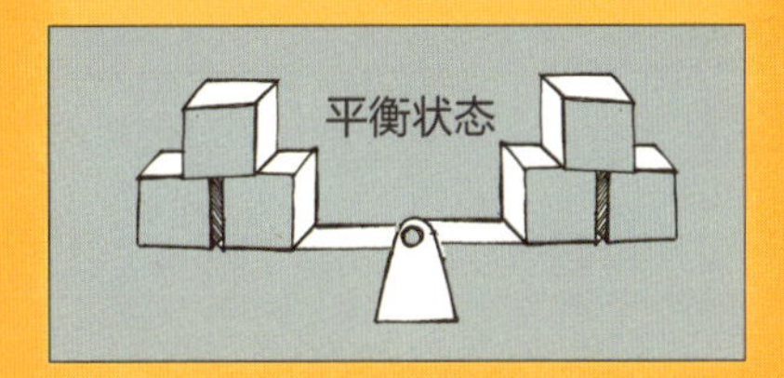

风筝冲浪

普通冲浪运动是靠波浪让冲浪板进行移动。可如果能利用风力前行会怎么样呢？风筝冲浪，也叫风筝滑水，就能做到这样的事。这是一项非常刺激的运动，需要冲浪手具有多种技能，包括冲浪、风筝运动、滑水，甚至跳伞。

风筝是一个有弧线的物体，看上去就像滑翔降落伞。放出风筝后，冲浪手穿好冲浪板躺在水里，靠风筝把人和板拉起来。这种做法被称作水中启动。他们也可以以 45 度角迎着风前进。启动后，冲浪手可以跳起加速，也就是一边控制风筝，一边将自己和冲浪板抬升到空中近 10 米高的地方。

是什么作用力帮助风筝上升？

冲浪手通过保护带与风筝连在一起，他必须知道如何驾驭好风筝。风筝上有绳索，两条绳索之间有把手供冲浪手扶握。冲浪板可以是普通冲浪板，也可以是双向板。这意味着，它可以向前移动，也可以向后移动，因为冲浪板前后两端的形状相似。

答案：升力

任何飞行器想飞上天空，都需要升力这种作用力。升力是一种向上的作用力，在风筝冲浪中具有重要作用。

风筝的形状是出现升力的原因。和飞机的机翼一样，风筝的上部为弧形。这就使风筝上方空气的流动速度比下方更快。

速度更快意味着气压更低，因此下方更大的压强推动物体上升。这股上升的力就是升力。

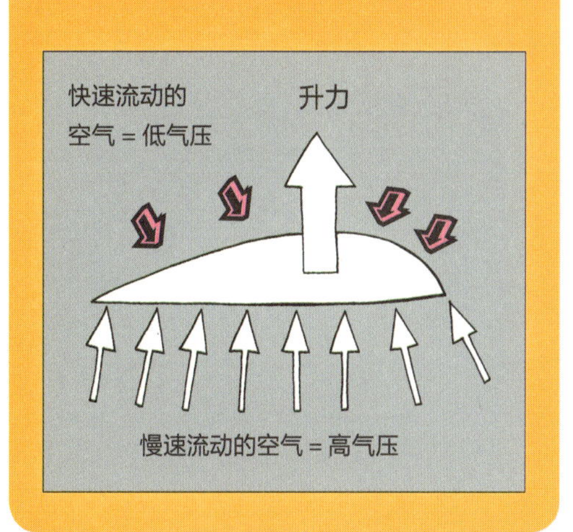

沙滩艇

是什么为沙滩艇提供动力？

你看到的是一艘非常奇特的船，船上安着轮子，在沙滩上飞驰。船上的帆在风的作用下推动船向前行进。这不是一艘普通的船，而是沙滩艇。

沙滩艇呈独木舟状，艇身是由轻质玻璃钢制成的。这是一种加入了玻璃纤维而更加坚固的塑料。

沙滩艇的行驶速度非常快。事实上，沙滩艇的速度可能达到为其提供动力的风速的数倍。

沙滩艇的重量非常轻，所以驾驶员必须靠方向盘和踏板小心地进行控制，否则艇身很容易翻倒。

答案：空气

你看不见它们，但你知道它们是真实存在的，因为你能感觉到，它们就是构成了风的移动着的气体。风的威力可能很强，强到足以推动沙滩艇在沙滩上飞速前进。

空气由几种不同的气体组成。其中约78%为氮气；排名第二的是氧气，含量接近21%；剩余所有气体，包括水蒸气、氖气、氦气和二氧化碳等，总共只占空气的1%。

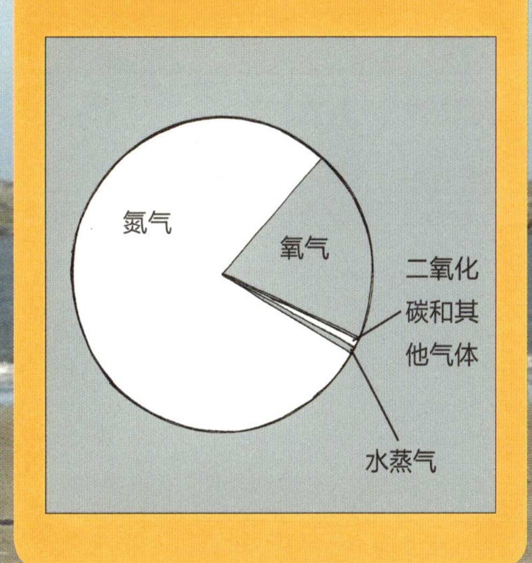

雪橇

雪橇是一种用雪板替代轮子的交通工具。有些雪板为了提高速度而设计得很窄，而其他较宽的雪板则可以防止雪橇过深地陷入雪地中。驾驶雪橇并不是件容易的事，不过你可以用一条腿轻轻撞击雪板的一侧，让雪橇向内移动，从而提高控制性。

雪橇克服了什么力，能更容易地滑行？

马拉雪橇在雪地上移动。

雪橇可以在雪地或冰面上移动。正是因为摩擦力较小，所以雪橇才能在这样的表面上使用。

我们可以用雪橇运送旅客或货物。用于体育比赛的雪橇通常能搭载一两个人。乘客坐在雪橇上，经过起跑推动，雪橇就能在冰雪覆盖的山坡上滑行。

雪橇由马或狗拉动。雪橇既可以像马车一样是开放式的，也可以像车厢一样是封闭式的。

答案：摩擦力

摩擦力是一种相互作用力，运动着的物体与其他物体表面发生接触时，就会导致物体运动速度变慢。摩擦力之所以存在，是因为不存在绝对光滑的表面。当两个表面相对滑动时，粗糙点就会有所接触。

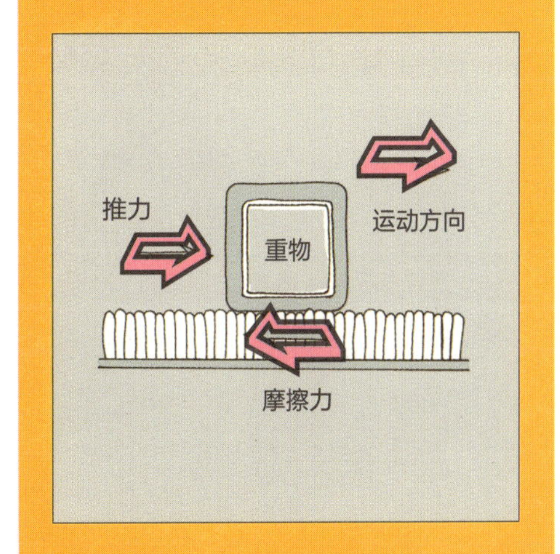

雪橇的雪板有助于减少摩擦。雪板直接施压于雪，这会导致一部分雪融化，同时导致雪板与雪之间出现薄薄的水层。水的摩擦力比雪更小，所以雪板可以更轻松地在雪地上滑行。

滑雪板

滑雪板滑行在哪种平面上？

踩着滑雪板，在冰雪覆盖的山坡上一路向下，这种玩法实在太有趣了。滑雪板由板面和固定装置组成。早期的滑雪板均由木头制成，而如今的滑雪板则是玻璃钢材质，并且配上了钢制边缘。

当滑雪运动员打好基础后，他们就可以练习特技动作了。滑雪板的特技动作包括跳跃、落地以及沿轨道滑行。想完成各种特技动作，运动员需要掌握自己在滑雪板上的位置，同时了解如何加速、如何收腿或放腿，以及如何落地。

答案：斜面

斜面实际上是一种简单的机械装置。斜面可以减少爬坡时所需的作用力。

有了斜面，我们不需要耗费大量力气将重物直接抬高，而是通过斜面将重物推到倾斜的坡道上，达到同样的高度。尽管距离更长，但所需的作用力却少了很多。

以斜面形式设计的道路会呈现一个长长的之字形缓慢地向上蜿蜒。尽管车辆的移动距离更长，但付出的努力会小很多。

如果沿着斜面向下运动——如踩着滑雪板——你几乎不需要耗费任何力气就能动起来。

雪上摩托车

雪上摩托车，也称雪地摩托车，是一种使用发动机的交通工具，可以在雪地或冰面上快速行进。用于体育比赛的雪上摩托车设有两个座位。雪上摩托车的车头是一对类似于滑雪板的雪板，这个装置与车把相连，驾驶员以此控制行驶方向。

是什么让雪上摩托车的履带如此高效？

雪板的后面是履带，这是一种用橡胶和其他材料制成的宽大带状物。驱动轮带动履带运动，而驱动轮则由雪上摩托车的发动机提供动力。

答案：抓地力

抓地力描述的是一个物体附着于地面的能力。粗糙的表面可使物体具有较强的抓地力。若想在光滑的表面上行进，需要提高物体的抓地力。

我们可以通过增加接触表面的粗糙程度来实现以上目的。雪上摩托车的履带上装有像金属牙齿一样的嵌钉，使得表面更加粗糙，因此在雪地上能获得更强的抓地力。

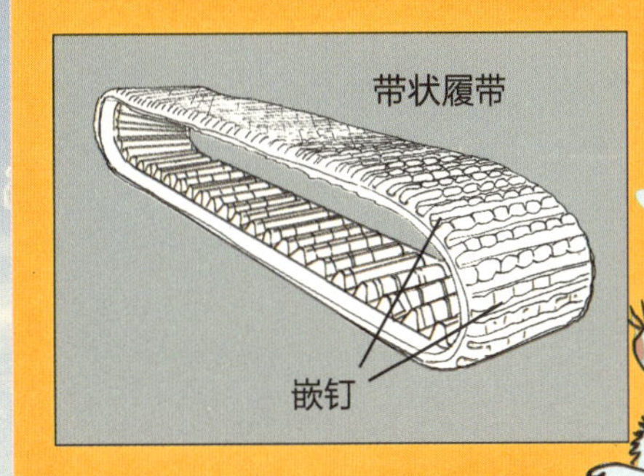

是什么让热气球升上天空?

热气球

有时候，我们只能在空中看到一个热气球；可还有些时候，在特殊的节日期间，一个接一个的热气球会从我们头顶飞过。这些热气球总是安静而缓慢地飞在空中。

热气球发明于18世纪，第一批乘客是一只羊、一只鸭子和一只鸡。如今，热气球已经成为一项流行的休闲运动项目和消遣活动，之所以人气高，是因为热气球的安全系数在不断提高。

热气球中充满了热空气，空气在气球下方的开口处得到加热。飞行员和乘客坐在固定在气球下方的巨大吊篮里。

答案：热空气

和其他物质一样，空气也是由分子这种微小粒子组成的。被加热时，空气中的分子运动速度变快，互相撞击。这些加速运动的分子会占据更大的空间，这意味着空气出现了膨胀。

气球内热空气中的分子数量比外部的少，所以重量更轻。若此时空气浮力大过热气球的重量，热气球就会向上升。反之，热气球就会下降。

超轻型飞机

超轻型飞机看上去就像一个下方悬挂着开放式机舱的风筝，但它真的是飞机。这种飞机最多搭载两人，而且只能装载 50 升燃料。因此，这种飞机的总重量，算上燃料与乘客，不能超过 450 千克。

哪个零部件为超轻型飞机提供动力？

尽管存在重量限制，而且体积小，机身也很轻，但超轻型飞机是一款强大的飞行器。事实上，这种小型飞机能为飞行员和乘客带来巨大的乐趣，因为它能在空中做出各种转弯动作。当这种飞机以60~90千米的时速飞翔在天空中时，我们就有了欣赏地面风景的绝佳平台。

飞行员通过操纵杆和尾舵，或者用柔性翼控制器控制超轻型飞机。柔性翼超轻型飞机有一个悬挂式滑翔翼，像风帆一样灵活。

答案：螺旋桨

一般来说，小型飞机依靠螺旋桨提供动力。在喷气式发动机得到应用前，绝大多数飞机均靠螺旋桨提供动力。双叶螺旋桨就像两个又长又薄的翅膀连在一起，螺旋桨的桨叶呈弓形。

螺旋桨一般通过连杆直接与发动机相连。发动机转动就会导致连杆转动，从而带动螺旋桨快速转动。

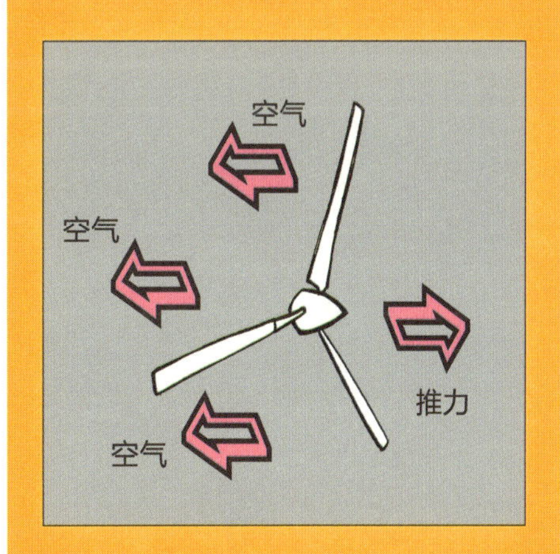

现代飞机的螺旋桨通常装有两个以上的桨叶。桨叶转动时会迫使空气向后运动，飞机因此被向前推动。这个向前的作用力就是推力。

弹跳高跷

在不让自己的腿部长出更多肌肉的前提下，你会跑得更快、跳得更高，你觉得这个主意怎么样？只要拥有弹跳高跷，你就能实现这个梦想。弹跳高跷能让你跳出 1.8 米的高度，让你一步迈出 3 米远的距离，原因就是高跷上安装了弹簧。

弹跳高跷的动力源自何处？

答案：弹簧

弹簧的形状可能像一个螺旋线圈，也可能像弹跳高跷里弯曲的叶片。不管形状如何，弹簧的作用都是相同的。不论被压缩还是被拉伸，弹簧都会生成一股向相反方向作用的力。产生这种相反力的原因，是弹簧想要恢复原始状态。

如果下压一个放在地上的弹簧，你会感受到手掌被向上推。向下压得越狠，手掌上感受到的推力就越大。

弹跳高跷的原理也是如此。弯曲叶片时，叶片就会弹回原始形状，从而产生向上的推力。而这就是我们跳得更高、跑得更快的原因。

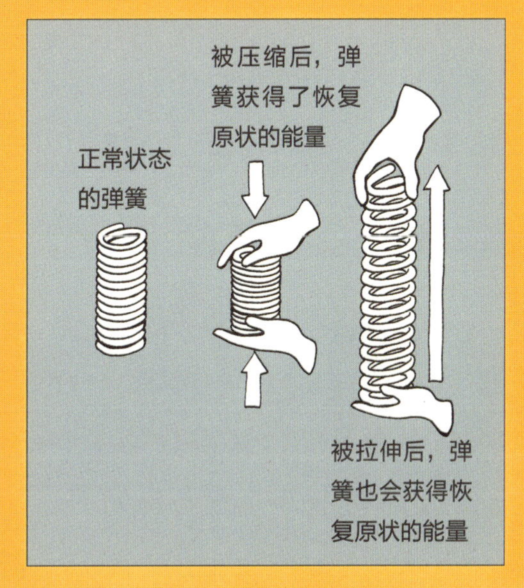

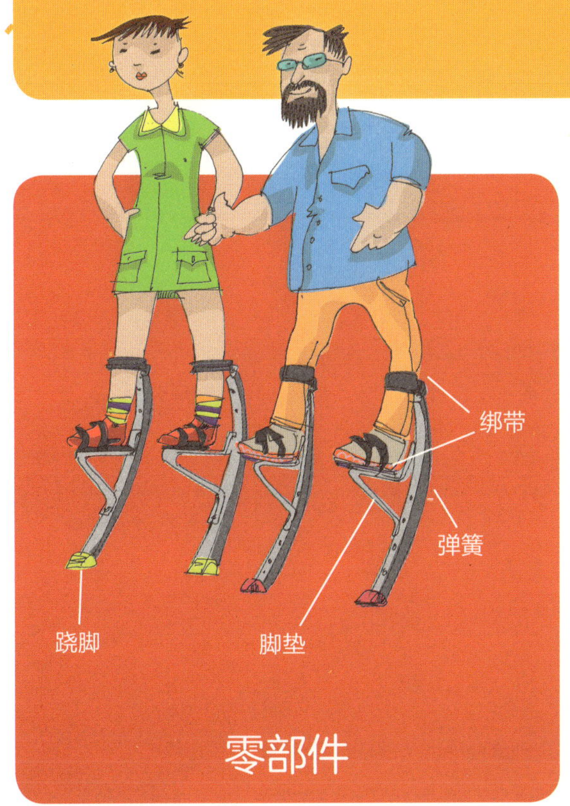

零部件

弹跳高跷由碳纤维和钢制弹簧制成，形状就像狗的后腿。我们的脚踩在脚垫上，用绑带将高跷固定在腿上。保护垫位于腿后，包裹着膝盖以下的腿部。一旦掌握了踩着弹跳高跷走路的技巧，你就能跑步、跳跃，甚至还能翻跟头。

旱冰鞋

双排旱冰鞋四个角上各有一个轮子。而单排旱冰鞋有着完全不同的设计，这种旱冰鞋也有四个轮子，但四个轮子是竖着排成一条直线的。这样的设计使得人们穿上旱冰鞋后保持平衡的难度加大了，但滑行速度会变得更快，同时还能做出更多的转弯动作。

旱冰鞋使用的是特制的轮子，其内部含有被称为“滚珠轴承”的小金属珠。这个轴承能够减少摩擦力，这将使轮子更容易转动。

答案：轮子

轮子是一种简单的机械装置，它的中心有孔，轴从这个孔中穿过。轮子通过轴与旱冰鞋连接在一起，这种装置能够帮助旱冰鞋移动，并有效减少旱冰鞋前进受到的阻力。

轮子有的单独使用，更多的则是成对使用。如车辆上的轮子，当两个轮子分别与车轴两端连在一起时，就能以这个简单的机械装置为基础做成一辆小车或其他交通工具了。

摩托艇

摩托艇获得动力的原理是什么？

摩托艇的底部形状像小船的船体，这样的设计可以让摩托艇在水面上快速运动。和自行车及摩托车一样，人们通过车把控制摩托艇的方向。

答案：作用力与反作用力

其实早在300多年前，艾萨克·牛顿就发现了如今用于制造摩托艇的科学原理。牛顿表示，一个人对某物施加推力或拉力，他就会受到大小相同但方向相反的作用力。

摩托艇是以此为基础设计的。艇中配有一个泵，这个泵由汽油发动机提供动力。泵通过位于下方的栅格吸入水，再通过后部的一个孔将水迅速排出，喷射水流向后施加的推力与摩托艇向前行进的动力相等。

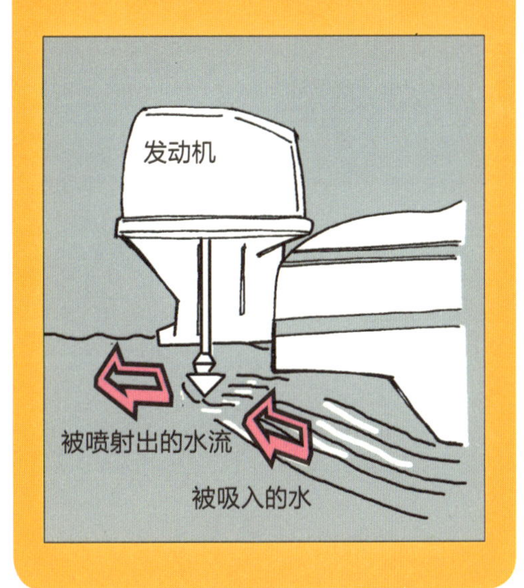

碰碰车

进入游乐场后，想必每个人看到碰碰车都有跃跃欲试的感觉。坐在普通汽车里，你肯定不想撞车。可驾驶碰碰车的目的就是享受撞击的乐趣。碰碰车是一种小型交通工具，在安全而封闭的区域中行驶。碰碰车的外围有着巨大的橡胶缓冲器，可以吸收来自其他碰碰车的冲击。

碰碰车的速度并不快。大多数时候，它们只是在碰碰车车场里寻找其他可供撞击的碰碰车，或者躲开其他碰碰车，避免自己被冲撞。

是什么为碰碰车提供动力？

电是碰碰车的动力来源。碰碰车车场顶棚的电路网为车上的电动发动机提供电流。碰碰车尾部的一根导电杆与上方的电路网相连，将电流向下导入发动机。

答案：电

地球上的宏观物体都是由原子这种微小粒子组成的。原子中甚至包含更小的粒子，如电子。电子围绕原子核旋转，它们带有一个负电荷。电子就是产生电的原因。电子可以通过电路这种环形线路，从一个原子移动到另一个原子。运动的电子形成了一个绕电路流动的电流。

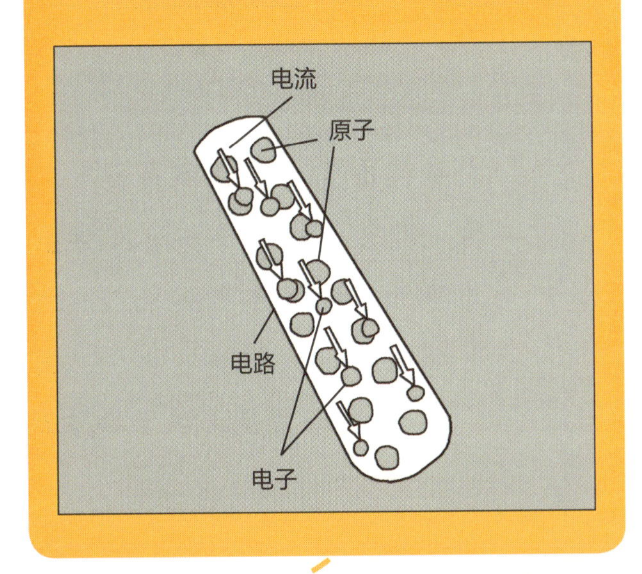

零部件

橡皮艇

橡皮艇的桨手拼尽全力地划着手中的船桨。橡皮艇在激流中来回碰撞，但艇中的人总能让橡皮艇保持直立，并朝着正确的方向前进。

划动船桨时利用的是哪种简单的机械装置？

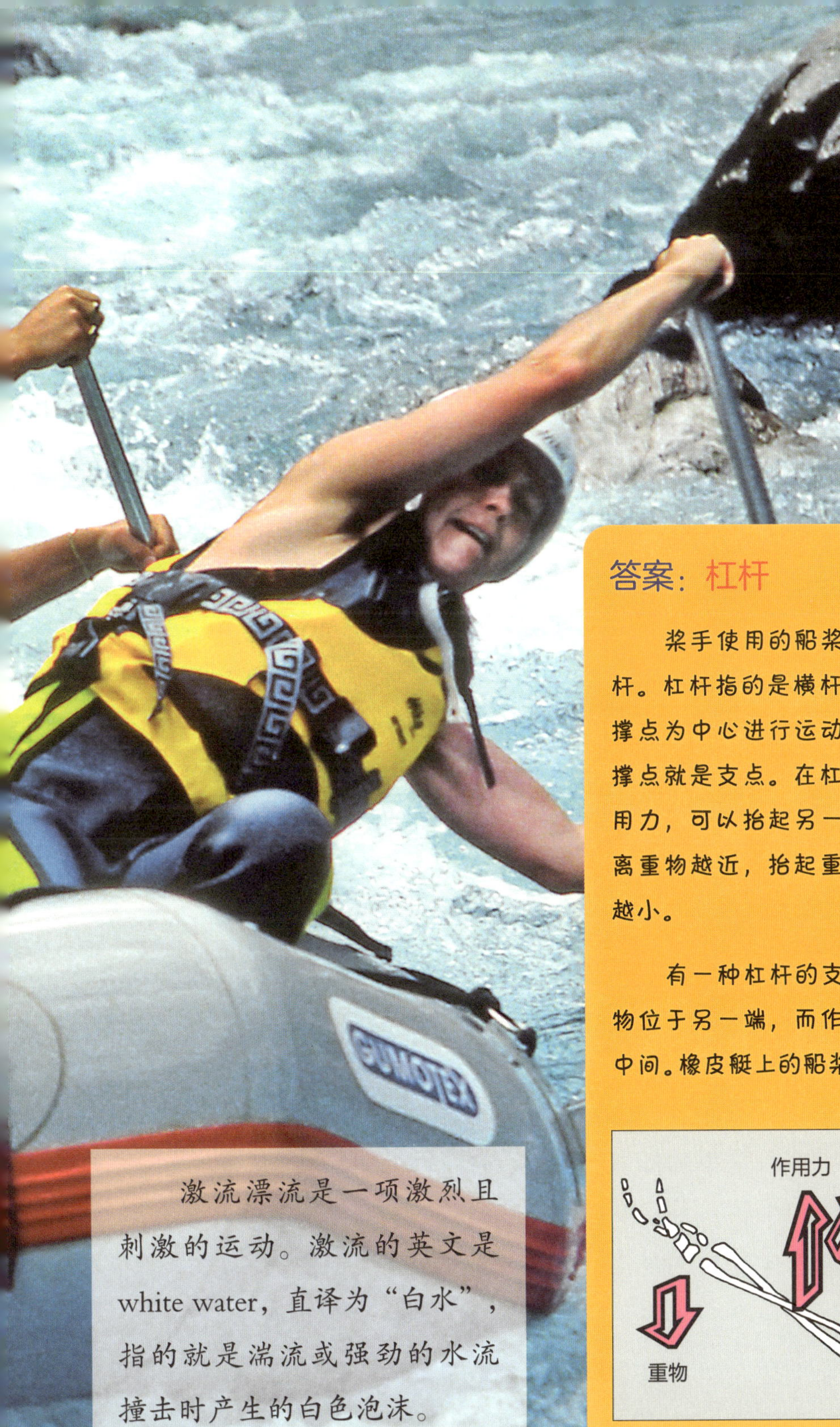

答案：杠杆

桨手使用的船桨，作用等同于杠杆。杠杆指的是横杆以一个固定的支撑点为中心进行运动，这个固定的支撑点就是支点。在杠杆的一端施加作用力，可以抬起另一端的重物。支点离重物越近，抬起重物所需的力量就越小。

有一种杠杆的支点位于一端，重物位于另一端，而作用力施加在两者中间。橡皮艇上的船桨就是这类杠杆。

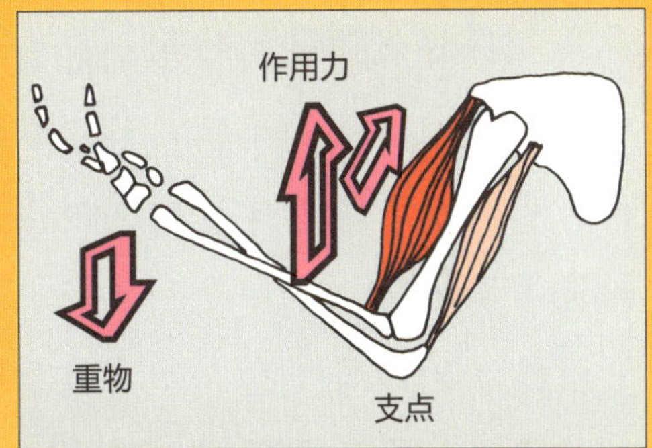

激流漂流是一项激烈且刺激的运动。激流的英文是white water，直译为“白水”，指的就是湍流或强劲的水流撞击时产生的白色泡沫。

弹簧单高跷

曾几何时，弹簧单高跷只被当作小孩子的玩具。可如今，它却变成了一项让人兴奋的极限运动。自从80多年前被发明出来后，弹簧单高跷的形态一直没有改变：它仍然是一个带有脚垫，下部装有弹簧线圈，可以让人们上下跳动的高跷。

不过，现代弹簧单高跷却有了一些变化。它可以让人弹到近2米的高度，还能让人做出各种特技动作。这种改变让踩着弹簧单高跷跳跃变成了一项刺激的极限运动。

最先进的弹簧单高跷使用的是空气弹簧，而非传统的金属弹簧。这种单高跷利用气压替代弹簧的作用，配有一个中空的管子，也就是气缸，其中填满了空气。当一个人踩着弹簧单高跷上下跳动时，管中的气体就会受到挤压，就像一个被挤压的弹簧一样，想要恢复原状的被挤压气体会再次回推，使得弹簧单高跷高高地弹向空中。

现代弹簧单高跷通过什么装置获得弹力？

答案：活塞

活塞在气缸内部运动，而气缸是一个圆柱形的中空管；活塞不仅可以在气缸中压缩像空气一样的气体，也可以压缩像油一样的液体。

气缸内的活塞被向上推动时，就会压缩位于其上方的气体，这时气体就会承受巨大的压力。随后，气体通过某种形式的“爆炸”迅速膨胀，推动气缸向下。这一系列运动为弹簧单高跷带来了巨大的力量。

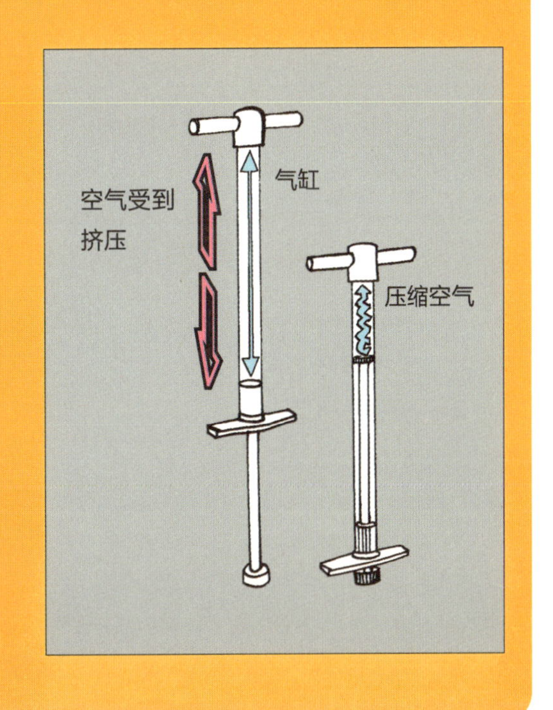

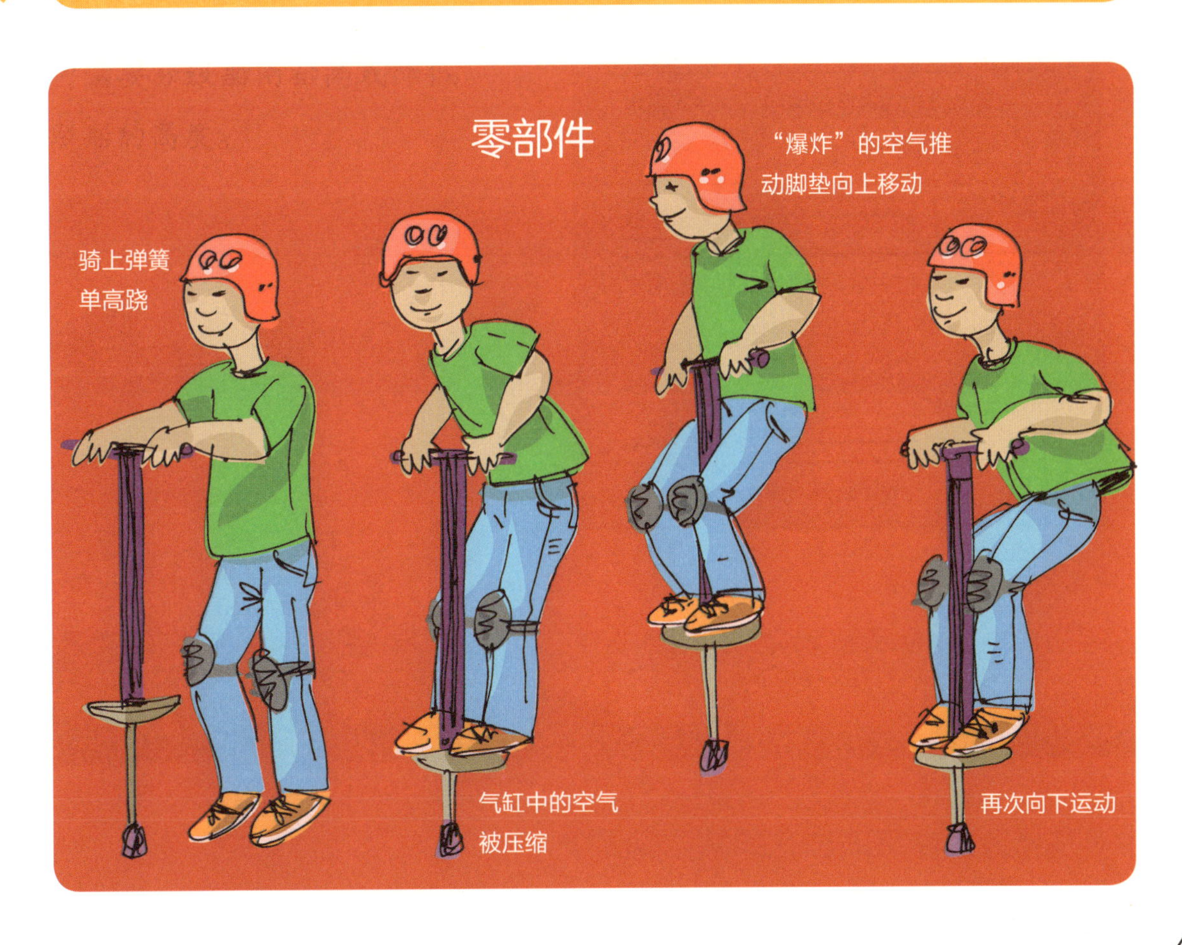

悠玻球

是什么力使悠玻球在斜坡上滚动?

哇哦！一个巨大的圆球里站着一个人，这个球还能朝山下滚动。这就是神奇的悠玻球。

悠玻球通常由透明塑料制成，既可以在斜坡上使用，也可以在平地上使用。在平地上滚动悠玻球可以让人们更好地驾驭球体，但大多数人还是喜欢在斜坡上滚动。

悠玻球分为两种。一种适合一到两人使用，另一种可以搭载三个人。一个悠玻球里包含两个球体，一个在内，一个在外。填充在两个球体中间的气体起到了缓冲作用。两个球体靠细尼龙绳连接，人们通过狭窄的通道爬进悠玻球内。

答案：重力

悠玻球就像一个圆球。滚圆的形状使得球体可以朝任何方向运动。如果想动起来，我们就必须施加推力或拉力。在斜坡上，悠玻球靠重力运动。

重力是引力的一个分力，而引力是将物体彼此拉近的一种力。引力的大小取决于物体的质量和彼此之间的距离。

地球上的物体由于地球的吸引而受到的力就叫重力。

过山车

过山车在轨道上快速移动时，我们总能听到乘客的尖叫声。过山车是一种刺激甚至有点可怕的娱乐活动，没有封顶的车厢在轨道上快速行进。而轨道含有山峰、低谷、急降和翻转等各种设计。

过山车需要三种不同的轮子才能行进。负重轮沿着轨道前进，侧导轮控制着从一侧到另一侧的运动，倒挂轮则是保证过山车在上下颠倒时也被固定在轨道上。

过山车上没有发动机。爬升第一个山峰时，过山车需要外力拉动，但剩余的行程就全靠它自己了。向下运动时，产生的能量使得过山车拥有足够的动力，可以再次爬上高坡。

什么为过山车提供动能？

答案：惯性

过山车在刚开始时会被外力拉到很高的位置。当过山车从高处滑到低处时，速度变得非常快，沿着轨道，它会冲到很高的地方。这时，过山车具有很大的惯性，从最高处，重力使它逐渐加速；上坡时，重力使它逐渐变慢。所有物体都具有惯性，物体只有受到外力作用时才会加速或者减速。当过山车在重力作用下向下运动时，动能就会变大，动能与惯性和速度有关。凭借此时的动能，过山车就能快速行进了。

术语表

舵

舵一般位于船尾，作用类似于船桨，用于控制船的行驶方向。

空气动力学

空气动力学描述了物体在空气中运动的方式。

流线型

流线型是指前圆后尖，表面光滑，略像水滴的形状。具有这种形状的物体在流体中运动时所受阻力最小。

摩擦力

摩擦力是指两个相互接触的物体，当有相对运动或有相对运动趋势时，在接触面上产生的阻碍运动的作用力。

能量

能量是指物体做功的能力大小，可分为动能、势能、热能、电能、光能、化学能、核能等。一种能量形式可以转换为另一种能量形式。

平衡

平衡是指几个力同时作用在一个物体上，各个力互相抵消，物体保持相对静止状态、匀速直线运动状态或绕轴匀速转动状态。

燃料

燃料是能产生热能或动力的可燃物质，主要是含碳物质或碳氢化合物。

碳纤维

碳纤维是指含碳量高于 90% 的无机高分子纤维。它耐高温，耐腐蚀，抗疲劳，强度高，纤维密度低，可加工成织物等。有碳纤维加入的复合材料是制造飞机和火箭的优良材料。

楔子

楔子由两个斜面组合而成，可以产生切割作用力。

涂一涂画一画